课题项目：2023 年度山西省社会科学院（山西省人民政府发展研究中心）第一批太行精神专项研究课题项目"新媒体时代太行精神的传承形态与时代价值研究"阶段成果（THJS2023Y15）

新媒体多维视角探究

张俊梅　著

全国百佳图书出版单位　吉林出版集团股份有限公司

图书在版编目（CIP）数据

新媒体多维视角探究 / 张俊梅著. -- 长春：吉林
出版集团股份有限公司，2024.4
ISBN 978-7-5731-4935-0

Ⅰ.①新… Ⅱ.①张… Ⅲ.①传播媒介-研究 Ⅳ.
①G206.2

中国国家版本馆 CIP 数据核字（2024）第 090427 号

新 媒 体 多 维 视 角 探 究

XINMEITI DUOWEI SHIJIAO TANJIU

著：张俊梅
责任编辑：王芳芳
封面设计：冯冯翼
开　　本：720mm×1000mm　1/16
字　　数：190 千字
印　　张：10
版　　次：2024 年 4 月第 1 版
印　　次：2024 年 4 月第 1 次印刷

出　　版：吉林出版集团股份有限公司
发　　行：吉林出版集团外语教育有限公司
地　　址：长春市福祉大路 5788 号龙腾国际大厦 B 座 7 层
电　　话：总编办：0431-81629929
印　　刷：长春新华印刷集团有限公司

ISBN 978-7-5731-4935-0　　定　　价：60.00 元

前　言

　　数字技术的发展与进步，推动着人类信息传播技术与形态的变革。信息技术的每次创新，都给人类的经济、文化和社会带来不可估量的影响。进入 21 世纪之后，新媒体时代到来，从电脑到移动终端，从拨号上网到 5G，从电子邮件到 QQ、微信，从电子商务到直播带货，从分众媒体到自媒体……这几十年来，新媒体发展与应用速度之快、影响之深令世人感慨。数字网络和计算机技术从技术层面推动了新媒体时代的到来。新媒体的出现，为用户随时随地发布信息、分享观点提供了便利。

　　新媒体的发展依赖于现代化的信息技术，以创新的可互动形式区别于旧媒体，革新了传媒的产业结构。新媒体自出现以来，便被广泛应用于多个领域，比如，视觉传达设计领域，新媒体技术改变了视觉传达设计的表现与创新路径，在视觉语言方面，使物质性延伸到非物质性，同时在现实场景与虚拟场景之间建立起了可体验的通道。由此可见，新媒体的广泛应用，在一定程度上推动了社会的进步，为人们的日常生活带来了极大的便利。

　　当前，人们一般利用新媒体技术获取信息，事实上，新媒体这一概念是相对于传统媒体而言的，也就是说，所谓的新媒体就是基于技术与媒体的形态上对传统媒体的创新，互联网技术的飞速发展，为新媒体的出现提供了技术支持。与传统媒体相比，新媒体表现出更加明显的优势，新媒体的诞生和发展不仅是人类传播历史上的一次飞跃，它的传播理念、方式、内容和表达形式正在改变着人类生存的世界，同时影响着人们的生活方式及思维习惯。基于此背景下，为了更加深入地探究新媒体，使人们在新媒体时代更好的生存与发展，众多学者在搜集大量资料的情况下，撰写了一系列与新媒体相关的著作，《新媒体多维视角探究》正是其中之一，本书是一本研究新媒体多维视角的著作。从新媒体的兴起、新媒体的概念与特征、新旧媒体的融合、新媒体产生的影响等方面入手，研究了新媒体的基本知识；基于网络媒体、移动媒体、社会化媒体等讨论了新媒体的分类；对新媒体的受众进行了简单介绍；探究了新媒体与营销；对新媒体与新闻传播进行了研究；从视听文化艺术产业、视像类文化艺术产业等角度入手研究了新媒体与文化艺术产业；对新媒体与视觉设计进行了阐述；研究了新媒体与人工智能；讨论了媒介融合等。

随着时代的不断发展，人们在生活中不断增加了各种新的元素。手机、电脑等新型设备的使用，让我们能够深刻体会时代的发展脚步。新媒体是时代发展下的衍生品，能够帮助人们快速获得所需的信息，基于目前的时代背景，新媒体不但拥有自身的发展优势，并且还具有一定的挑战，因此，我们要抓住时代发展的机遇，大力推动经济发展与社会进步。

本书内容较为丰富，结构相对合理，为读者了解多维视角下的新媒体发展提供了良好的资料借鉴。另外，本书在撰写过程中得到了众多学者的支持和鼓励，同时借鉴了有关专家、教研人员的研究成果，在此对其表示诚挚的感谢！由于时间紧促以及笔者水平的限制，加之新媒体研究的丰富性与复杂性，本书对新媒体多维视角的探究难免存在疏漏和不足之处，诚望广大读者批评指正。

目　录

第一章　新媒体概述

随着网络技术、数字技术和移动通信技术的快速发展，以网络媒体、数字电视媒体和移动通信媒体为代表的新媒体已经渗透到社会生活的方方面面，给社会带来了巨大的变化和深刻的影响。新媒体发展越快，在人们的日常生活中就越重要。从工作方式到生活习惯，从思维模式到行为准则，甚至交友、购物、媒体接触，都刻上了它的烙印。本章主要对新媒体的基础知识进行了系统论述。

第一节　新媒体的兴起

20 世纪 90 年代，新媒体的兴起给传统媒体带来极大的冲击，营销传播也打破了传统模式变得越来越多样化、多元化。最大的变化就是完全改变了过去的单线式传播，媒介和受众之间可以进行互动式的对话和交流，而在传统营销传播模式下受众只是被动的一方，没有选择的途径和可能。传统媒体在新媒体时代存在着天然不足：传者与受者处于非直接性接触状态，媒体只能发挥简单的信息传达作用营销与传播是相互割裂的。随着科技的高速发展，媒体的形式和特点也随之变化，新媒体最大的特点就是赋予每个人创造并传播内容的能力，新媒体模糊了媒体和受众之间的界限，彻底改变了传统媒体一对多的传播方式，变为了多对多的交互方式。新媒体最大的创举是让每个人都成为信息的传播者和把关人。新媒体促进了社会性的互动，与网络覆盖完全重合，只要有网络的角落就可以进行社会交往和信息交换。新媒体也改变了受众的社会属性，它不仅提供了充足的虚拟空间来存储受众的个人信息和资料，还使受众从过去的单纯的信息接收者变成信息的制造商和传播过程中的把关人，让受众在生产和传递信息的过程中产生相互联系与相互影响。社交媒体可以把各种形式的内容进行综合处理，并进行互动，建立"联系"和生成"意义"。

第二节 新媒体的概念与特征

一、新媒体的概念

新媒体是一个相对的概念，是在报刊、广播、电视等传统媒体的基础上发展起来的新的媒体形态；也可以说，新媒体这个一直在变动的概念，宽泛地包括所有数字化的传统媒体、网络媒体、移动端媒体、数字电视等多种不同的媒体类型。新媒体主要是指以互联网技术、数字技术、移动通信技术为基础，向用户提供内容资讯、音频、视频、连线游戏、数据服务以及在线教育等集成信息和娱乐服务的新兴媒体。它有两个最核心的改变：一是传播媒介由传统媒介变成基于互联网的新媒介；二是传播者由权威媒介组织和媒介机构变成所有人。

二、新媒体的特征

（一）新媒体的传播特征

1. 数字化传播

数字媒体是由数字化的元素组合而成的，不同媒体形式之间没有实质差别，只有格式的区分。如一个电视节目的画面、声音只能是由多少码率的传输流组成。一个文字文件可以是 txt 格式，也可以是 PDF 格式。由于媒体的数字化，用来描述一张报纸报道的文本元素与用来描述一个广播电视节目的声音或图像元素没有本质的区别。数字化的媒体可以实现更加简洁多样的传播，这样观众可以通过执行筛选、复制、下载、储存、添加、转发、搜索、链接、整合等程序指令把媒体元素打散，按照自己的需要进行组合，以获取信息。

2. 复合化传播

复合化传播指网络新媒体的传播同时兼具自我传播、人际传播、组织传播和大众传播等不同的形态。早期的个人网站，后来的博客，再到移动端的微博、微信，网民发出信息，自己也浏览自己发出的信息，在这个过程中，信息的发出者和接收者是同一个人，它存在的反馈，是由人的自我感觉和自我意识构成的，这不就是自我传播吗？网络新媒体中的电子邮件、私聊，展示的是个人与个人之间的信息传播，体现了人际的传播，由于网络突破了时间和空间的限制，其平台上的人际传播拥有了更大的广泛性、偶然性和多重性，甚至陌生网友之间的匿名性。很多单位、企业、公司都有自己的办公系统，加上 QQ 群、微信群，共同目标和协作意愿特别明显，这显然是组织传播的网络化。网站新闻栏目、网络新闻 App、官微、微信公众号，它们拥有专业信息传播者，通过一定的机构和技术向大量分散、不确定的受众传播信息，完全展示了大众传播的面目。网络传播融合了自我传播、人际传播、组织传播、大众传播等诸多传播类型，也可以说这 4 种类型的传播交织纠缠在一起，形成一种散布型网状传播结构。

3. 个性化传播

传统大众传播以群体化为取向，以满足大多数受众的需求为目的，提供给绝大多数受众的消费信息几乎一样，选择余地小且内容基本上是由传播者统一决定的。网络新媒体的发展使大众传播发生了根本变化。与传统媒体相比，新媒体的受众群变得越来越小，但是影响变得越来越大，甚至能参与内容的制造。

在从传统的大众媒体向交互的新媒体转移的过程中，受众的权力是递增的。传播权力变化和转移的结果使个性化传播逐渐兴起，并成为网络新媒体又一个典型的传播特征。一方面强大的新媒体技术使得大众传播的覆盖面越来越大；另一方面又可以使传播的指向性越来越小，实现窄播直至个人化传播，以致个人化的双向交流成为现实。①

（二）新媒体的产业特征

1. 产业方式多元化

报纸基本上是编辑、记者等专业人员将经过选择后的公共信息单向传给读者，信息流动是单向的，这决定了其产业特征的垄断化，其生产过程具有某种神秘性。读者如果有点意见，通过报纸是无法反馈过去的，得通过打电话、写信等其他的媒体手段。

虽然广播和电视有时候也可以互动，但那是后来新增加的功能，过去的广播和电视也是单向的。而现在的新媒体，有单向的，有多向的，有单发的，有群发的，有互动的，还有群体互动的，所以它的传播手段是多元的，这就决定了其产业方式也是多元的。

现在已经实现了用手机看报。无论是走在大街上，还是坐在地铁里，只要打开手机，报纸上的重大新闻就可以一览无余了。没有与之相适应的产业，这种功能就无法实现。

---

① 刘雪梅，王泸生. 新媒体传播［M］. 广州：暨南大学出版社，2018：62.

2. 产业技术兼容

新媒体实际上是"个人移动的数字技术加上无线数字通信技术"。新媒体不仅可以实现传统媒体的信息传输功能，还具有传统媒体所无法承担的崭新功能。比如现在出现的手机银行，要给谁寄钱，在公汽上、地铁里就能完成，不用去银行了，这种技术的兼容非常好。再比如，青年人喜欢的手机影院实现了在手机上看电影的可能。新媒介事实上已经变成无围墙的电影院。

3. 满足受众传播需求

信息传播虽然无所不在、无时不在，但都是有信息发布源头的。而信息发布产业选择发布对象，必定要考虑不同对象的实际要求，考虑不同群体的不同诉求，这就不可避免地要实现分众传播。特定信息发给谁，是以细分受众为依据的，是为满足消费者细分需求的一种分众传播。这样，传统的产业模板就无法适应全民多元化的信息需求，必须从产业建构上来满足细分受众的信息传播需求。

4. 适应扁平化需求

所谓扁平化，就是中间环节越来越简化，直接从源头到消费者。最典型的就是博客、微博和微信。博客、微博和微信上对一些产品的宣传，直接就到消费者，中间没有经过一个层次再一个层次的分销商，而是直接推送到消费者的电脑和手机里。这种扁平化的传播极大地降低了公共信息传播的成本。扁平化管理是现代社会的重要特征，是民主政治追求的方向，是减少中间层次、强化民主管理的必要机制。

5. 新旧媒体竞争和共赢

旧媒体比如报纸、电视的传输方式和使用客户大体相对固定，一般来说变化不大，即便如户外广告，也没多少变化，我们可以在高速公路的两边，看到鳞次栉比、高耸入云的广告牌。但是这个广告发布上去是什么样，以后很长时期就是什么样，除非发布新内容，制作新形式。

（三）新媒体的舆论特征

1. 丰富性

新媒体舆论的丰富性是指新媒体舆论内容无所不包、无所不及。"网络社会"所具有的虚拟性、匿名性、无边界和即时互动等特性，使网上舆情在价值传递、利益诉求等方面呈现多元化、非主流的特点。加上传统"把关人"作用的削弱，各种文化类型、思想意识、价值观念、生活准则、道德规范都可以找到立足之地，有积极健康的舆论，也有庸俗和灰色的舆论，以致新媒体舆论内容十分丰富。

2. 互动性

网络的快捷反应，使得信息的传播者与受众之间能即时互动。正因为这种即时互动，舆论传播过程得以延续和完整。网络实现了信息传播的双向互动，舆论的受众不再是毫无主动性可言的"鞭子"，传播者也不再占有绝对的话语主导权和控制权。而且，相对于传统媒体的强势，个人逐渐成为网上信息发布主体，网民的力量在增强。网民互动的主要方式有论坛发帖、新闻跟帖、博客日志等。

3. 即时性

网络打破了时间和空间的界限，重大新闻事件在网络上成为关注焦点的同时，也迅速成为舆论热点。在当前，舆论炒作方式主要是先由传统媒体发布，然后在网络上转载，再形成新媒体舆论，最后反馈回传统媒体。网络可以实时更新的特点，使得新媒体舆论可以最快的速度传播。

4. 传播主体的泛化和分散性

新媒体舆论的主体是极为复杂的，其来源极为多元，分散于社会的每一个角落。主体的泛在化和分散性，使得相关主体的动机极为复杂。在新媒体舆论的形成、传播和发展之中，与事件密切相关的主体和无直接相关的主体，都会在特定动机的驱使下参与进来，他们或出于利益，或出于正义感，或出于同情，或者只是纯粹地起哄，让问题变得更加复杂，让舆论的风势更盛。

泛在化、分散性的主体大肆参与舆论，使精英阶层逐渐失去了"舆论"掌控的中心地位，大众阶层凭借人多的优势，积极设置和变换议题，拥有了不少的舆论引导话语权，他们甚至掌握了新媒体舆论运行的主动权，以舆论倒逼的姿态影响着相关部门对热点事件的处置。这就要求，政府部门必须处理好他们与新媒体舆论的关系。

泛在化、分散性的主体的参与，能够为公众提供更多细分化的信息，从而诱使他们参与新媒体舆论，自由地发布和选择信息，对大众传播媒体的信息传播和舆论引导带来巨大的影响。

第三节　新旧媒体的融合

一、新旧媒体融合的内涵

面对媒体发展中遇到的机遇和挑战，走新旧媒体融合发展的道路是必然选择。传统媒体在新媒体的冲击下，要么成功转型，要么被淘汰。在欧美发达国家，已经有不少知名的报纸媒体宣布倒闭，新媒体发展是大势所趋，不可避免。从国内发展形势来看，传统媒体还有很大的市场空间，通过必要的转型和创新，还可以实现传统媒体的新发展。新旧媒体融合发展已经被国内广大学者认同，其内涵概括为以下两个方面：

第一，优势互补是新旧媒体融合发展的关键。以报纸、广播、电视为代表的传统媒体在新闻采编方面有较好的优势，以互联网媒体为代表的新媒体在信息传播方面有较好的优势。二者的融合发展实质是为了相互取长补短，相互促进。一些传统媒体企业为了赶潮流，盲目建设互联网媒体平台，但由于在互联网媒体运作方面缺乏经验，导致项目建设失败，或者成效不明显。于是有人开始怀疑新旧媒体融合发展的思路是否合理，这样的想法出现只能说明对新旧媒体融合发展的内涵还没有理解清楚。

第二，内容是新旧媒体融合发展的核心。无论新媒体还是旧媒体，只是信息传递的载体不同而已，媒体传递的信息才是受众真正关心的内容。在新旧媒体融合发展过程中，一些媒体单位剑走偏锋，在平台建设方面投入大量的人力和物力，但新闻质量却一直得不到有效提升，投入巨资打造的网络平台却只是一个花架子，这样的发展策略也是违背新旧媒体融合发展初衷的。但以南方报业集团等为例的一批报业企业通过新旧媒体融合发展，走出了一条新的媒体之路。这些单位成功转型的经验再次证明"内容为王"才是新旧媒体融合发展的核心。

二、新旧媒体融合的关键因素

（一）转换机制

1. 新媒体对旧媒体的冲击

传统媒体在实际操作过程中，缺乏创新，我国媒体严格按照市场准入机制发展，与此同时，无论是行业保护或者是政策支持，都促使传统媒体在发展过程中，能够享受到独有的优势和待遇，所以对新媒体的兴起以及发展并没有给予一定的重视和关注。在这种形势下，由于对新媒体缺乏认识，所以对新媒体带来的机遇以及挑战并不能有效应对，使传统媒体受到的冲击越来越大。

2. 新旧媒体融合机制

新媒体以一种新兴的技术和传播力量逐渐将传统媒体的受众群体逐渐吸引过去，成为现代人在获取新闻资源或者是获取其他内容时的首要选择。在新媒体优势越来越明显的状态下，传统媒体才逐渐意识到新媒体的重要性，逐渐将互联网已经散播出去的新闻信息稍微修改之后，发布到网上，这是新旧媒体最初融合的一种简单形式。但是，这种方式缺乏一定的限制和机制条件对其进行制约和作用，与此同时，管理机制也没有与其形成良好的配合，导致相互之间的融合并没有起到良好的影响。

（二）技术壁垒

1. 以互联网作为基础，促使新媒体和传统媒体之间的有效融合

从本质上来看，媒体融合就是一种技术的融合，而实现这个技术之间的有效的融合，就是互联网。不难看出，推动媒介融合的关键因素之一就是将互联网作为基础，来促使新媒体和传统媒体之间的有效融合。在新媒体的冲击和影响下，报纸、电视及广播等传统媒体发展情况不佳。而将互联网作为基础的新媒体以一种主流的趋势方向在不断发展，比如电子杂志、手机短信等，这些新媒体逐渐普及并且受到现代人的喜爱。虽然传统媒体在新闻传播当中的权威性使新媒体很难达到这种水平，但是新媒体自身的及时性和互动性也是传统媒体无法相比的优势。因此，从这种角度来分析不难看出，新媒体与旧媒体之间的融合，可以说是一种互补状态，也是未来媒体行业稳定发展的重要保障。我们应当将互联网作为基础，对现有的资源进行整合和分析，将各种各样的平台或者是渠道进行分类，通过不同的介质和终端进行有效的连接处理，这样才能够逐渐形成良好的整体竞争力。

2. 新旧媒体的融合，技术堡垒的突破是当务之急

媒体之间的融合并不是传统媒体开展一些网站，或者是开发一些智能 App 等就可以实现的，真正的融合是要将现有的表面一体，内在独立的这种模式逐渐分离出来，促使新闻信息传播能够打破传统的单一性和局限性，逐渐建立起一种独立的传播网络。为了达到良好的融合效果，应当先培育新媒体技术，利用技术与信息生产之间的有效结合，共享数据资源以及传播渠道。

（三）人才培养

1. 人才是社会、经济不断快速发展的重要保障，也是将新旧媒体相互融合推动发展的重要因素条件

传统媒体的从业人员虽然在传统媒体业务上经验丰富，但是在面对新媒体时，却显得有些力不从心，甚至不知道从哪一个方向着手。而新媒体技术人员，大多数都来自计算机或者是通信行业，这些"新人"缺乏对新闻业务技能的掌握，对媒体行业的具体传播规律认识也非常浅显，这样一来，新媒体人和旧媒体人在思想观念上就存在一定偏差，在业务能力以及互联网的应用技巧上也存在着非常严重的差异性。在这种形式下，其相互之间的种种差异就导致

新旧媒体在融合过程中，可能会出现各种各样的问题。与此同时，受到媒体改革的影响，一些传统媒体的骨干人才也在流失，不仅对传统行业的发展带来了不利影响，还给传统媒体和新媒体之间的融合带来了一定限制。

2. 新旧媒体融合的关键因素人才培养机制

传媒人才需求的结构性改变，一方面需要加速培养人才，在新旧媒体融合过程中，尽快实现人才的转型升级。另一方面是有效激励人才，构建适应新旧媒体融合的人才管理体系，目的是为人才提供合理的职业晋升渠道。

除此之外，在对新旧媒体融合情况进行分析和研究时，为了促使传统媒体用人机制、薪酬分配以及考核机制的有效改革，就应该留住人才，而且能够将人才自身的影响和作用充分发挥出来，为新旧媒体的融合打下良好的基础。

与此同时，在媒体融合过程中，要不断完善和优化激励机制，为人才提供可以自由成长的空间和可晋升的机会。比如可以将传统媒体的薪酬机制进行改革和创新，根据实际情况对新媒体的工作人员实行股权激励，也可以对一些工作在生产一线和重要岗位的员工实行重岗重酬。在原有的基础上，逐渐打破技术和管理职级下相互之间不能够自由转换的机制，利用与现代化社会发展形式有效结合的现代化措施和方式方法来为新旧媒体的融合，提供一定的人力支持。只有将人才自身的能动性充分激发出来，才能够推动媒体融合的发展。

三、新旧媒体融合的策略

（一）突破传统观念

新媒体是互联网环境下的产物，互联网环境下最主要的是用户体验，也就是说利用先进的互联网技术在用户与媒体之间、用户与用户之间建立一种新型的关系，全面提升用户的参与感，重视用户的反馈，真正地将媒体自身置于为用户服务的地位。

这是传统媒体需要向新媒体学习的地方。当下，用户习惯在发生着改变，朝着互动化方向转变，用户参与度逐步提升，表现形式更加多样化，而这些也颠覆了媒体人的传统思维。传统媒体必须适应这一变化，真正做到放弃高高在上的姿态，实事求是地为用户、为受众服务。

（二）打造新型的媒体技术体系

新媒体无论其媒体理念、体制机制如何创新，其基础还是新的互联网、大数据、云计算等技术，这些才是新媒体的根本依托。没有技术，空有理念，新媒体不可能发展；没有技术，空谈理念，媒体融合也只是空话。因此，传统媒体融合新兴媒体不仅需要打破传统观念，还需要打造一个基于大数据、云计算、多平台、多渠道分发的技术体系，这是所有媒体融合的重要步骤。技术建设是所有传统媒体的短板，远远落后于新媒体，互联网发展的趋势是移动化、社交化、视频化。特别是移动互联，移动互联网最大的一个特点是在场景中的精准传播，要做到这些必须要有手机 App 等新型的内容传播平台，还要利用云计算和大数据等新型技术。目前，一些传统媒体打造了一些新型的媒体平台比如 App、公众号等，但是在云计算和大数据等技术的应用方面存在着许多的缺陷，这是传统媒体与新型媒体差距日益加大的重要原因。因此，要想促进媒体融合，传统媒体就必须积极打造新型的媒体技术体系。

（三）培养优质内容的提供者

互联网技术的赋能，使得当今时代依然进入一个自媒体时代，所谓专业的媒体组织在传播能力方面并不再具有原先的垄断地位，社会组织与个人在技术层面上几乎拥有均等的传播能力，因此当下媒体希望通过利用对于传播能力资源的掌控来提升自身的媒体影响力注定是要失败的。前面两个方面的革新最终提高的只是媒体自身的传播力，但在当下时代，传播力并不是媒体的生存之本。传统媒体的真正生存路径，依然需要依靠内容。只关乎内容忽视受众是传统媒体的一个短板，但是"内容"本身却是传统媒体的优势，也是传统媒体在新媒体时代取得立足之地的根本途径。事实上，在新媒体经历了一段长期的发展之后，市场开始恢复冷静，媒体行业以往的以博眼球来吸引注意力的策略不再可行，"注意力经济"和"标题党"的潮流逐渐受到人们反思，内容生产开始重新受到重视，人们日益渴望优质内容，"内容为王"的口号被人们重新提出。

因此，传统媒体进行新旧媒体融合的根本途径是发挥自身内容优势，将自身打造成优质内容的生产者，在此基础之上，将优质内容通过互联网传播得更远。

（四）提高对资源共创的重视程度

实际上，新旧媒体的融合发展就是信息内容不同形式的共创，在将两种媒体的信息资源合理整合之后，就会形成新的信息内容和资源，保证融合发展能从根本上实现。在资源共创的过程中，相关人员应做到以下三点：

第一，注重提高媒体评论的水平。媒体评论水平和质量的提高，不仅可以提高媒体形象，还能为媒体整体发展提供重要的基础条件，所以在对信息进行报道的时候，应将信息的思想性与理论性作为把握的重点。以范围涉及较广的电台中的电视报道为例，若能保证报道内容评价的质量，则评论的缺口是可以弥补的；全面评论也是信息深度挖掘的有效途径，在使价值观点更鲜明的同时，与新时期人民群众的需求相适应。

第二，应促进媒体产业链的延伸。目前传统媒体中虽已吸收部分新媒体的优势，网络媒介和纸质媒介的融合也已基本实现，但实际上，其中还是存在很多差异性问题的。为了真正实现新旧媒体的融合发展，渠道就必须要得到重视，进一步将媒体的产业链条有效拓宽。总的来讲，新媒体与传统媒体都要做出改变，才能实现二者信息传输渠道和方式的各自优势整合在达成信息渠道融合的基础上，产业链自然也就会随之延伸。

第三，应创建完善的新旧媒体共享平台。应将目标设置为新旧媒体信息终端的融合，利用通信网络与计算机技术，创建通用的媒体资源共享平台，在提高新媒体权威性的同时，推动旧媒体向数字化的方向发展。通过平台与终端将信息向人们传递，就是新旧媒体融合发展要求的根本。

（五）加强新旧媒体合作

在新旧媒体融合发展过程中，不得不承认"术业有专攻"。传统旧媒体有市场积累和客户口碑积累，新媒体有新媒介优势。在新媒体融合发展过程中，新旧媒体加强合作是非常必要的。例如，擅长新闻采编的报业、电视媒体可以为网络媒体提供新闻信息支持，网络媒体通过自己的媒介将新闻采编效益最大化。在新旧媒体融合发展过程中，需要建立起完善监管体制。一些消极、不利社会安定的信息常通过网络媒体传播，在社会中造成了严重影响。随着新旧媒体融合发展，新媒体的舆论引导力和公信力将不断增强。完善的法律监管体系，能有效预防和制止一些利用网络媒体进行非法牟利的行为。同时，优化国内的媒体舆论环境，是保障新旧媒体融合发展的必要措施，良好的舆论环境是新旧媒体融合发展、资源共享的前提。新旧媒体融合发展，也能将传统媒体的严谨性引入新媒体，提升新媒体信息制作的科学、严谨性。

（六）将服务作为核心加强关系建设

新媒体的发展，不仅带来了新型的传播平台和手段，同时也让媒体行业的传播模式发生了很大的改变，传统形式的大众传播模式是将专业传媒作为主体，实行点对面的传播，但在当前阶段，传播模式越来越注重以个人为中心，且传播渠道也开始将社会关系网作为基础，这种改变对传统的传播模式造成了很大的冲击，使得关系逐渐成为新型传播模式实现内容传播的基础，因此，旧媒体应该认识到，关系建设是与内容建设同样重要的工作，内容的传播需要以关系作为渠道，可以说关系就是实现内容推荐的有效机制，而且在相关领域的研究当中，不难发现，当前的社交媒体发展正处于上升势头，关系在社会化发展过程中已经成为重要的推动力，其会对媒体内容的发展产生越来越大的影响，在过去当中，旧媒体的主要优势就是渠道价值，其中服务比重相对较低，但目前旧媒体的渠道价值日渐缩减，使得媒体专项逐渐趋于垂直细分，这需要媒体在工具化和平台化方面付出更多的努力，使服务及内容的价值得到进一步的提升。而在媒体当中蕴含着很多的细分用户，正常情况下，可以使用非媒体类服务对这些细分用户进行供给，但旧媒体在这方面相对较弱，其生存对广告依赖性较强，缺少服务功能，但在当前行业发展期间，渠道价值逐渐被取代，旧媒体的广告效率也在逐渐降低，将会对媒体行业的服务转型产生很大的推动作用。

（七）建立新旧媒体融合发展的统筹管理部门

一方面，在新旧媒体融合发展的过程中，必然会出现新旧媒体运营中的冲突问题，建立新旧媒体融合发展统筹管理部门将有效缓解工作中的冲突问题。另一方面，通过统筹管理部门的协调作用，可以实现媒体企业内部资源高效利用、循环利用。通过新旧媒体融合发展统筹管理，在媒体内部加强新旧媒体的融合宣传，实现各个部门之间的相互合作，提高媒体团队的团队精神。在新旧媒体融合发展过程中，积极借鉴一些转型成功、运作成功的媒体经营经验，实现新旧媒体融合后的创新发展。商业模式的创新、盈利模式的创新、品牌管理创新是非常必要的，需要有专门的部门统筹管理。

第四节　新媒体产生的影响

一、新媒体对传统文化传承的影响

（一）新媒体对传统文化传承的积极影响

1. 拓展了中华优秀传统文化的传播范围和受众群体

新媒体突破了时间、空间限制，使中华优秀传统文化能够跨越地域、国界、民族和语言的障碍，向全球各地的用户展示和推广。同时，新媒体吸引了更多年轻人、海外华人和外国友人关注和参与中华优秀传统文化的学习和交流。例如，央视的《典籍里的中国》将生涩难懂的《尚书》《论语》《诗经》等典籍，以电视语言和综艺的形式呈现，让观众在欣赏中学习，在娱乐中感悟；又如《中国故事》系列节目通过新媒体平台向全球讲述中国故事，展示中国文化魅力；再如《汉字风云会》等节目利用新媒体平台开展海外赛区选拔，吸引了众多海外华人和外国友人参与汉字学习和竞技。

2. 丰富了中华优秀传统文化的表现形式和内容创新

新媒体平台上，信息的传播方式十分丰富，一个信息在新媒体上可同时以视频、文字、图片等各种形式传播，甚至一条信息可以同时包含视频、文字、图片等，许多新的传播形式因此而诞生，这为中华优秀传统文化在新时期实现形式和内容的创新提供了机遇。例如，一些网络作家利用网络小说、微信公众号等平台，将中国古典名著进行改编或重写，使之更符合当代读者的审美需求和阅读习惯；一些网络视频制作者利用短视频、直播等平台，将中国古典音乐、舞蹈、戏曲等艺术形式进行演绎或融合，使之更具视听效果和感染力。

3. 增强了中华优秀传统文化的社会影响力和国际竞争力

新媒体是信息的载体，也是信息的生产者和参与者。用户可以通过评论、点赞、转发等方式对信息进行反馈和互动，并根据自己的兴趣和需求生成自己的内容。这样一来，中华优秀传统文化就不再是单向灌输或被动接受，而是成为用户主动参与和共同创造的过程。这种过程不仅能够提高用户对中华优秀传统文化的认同感和归属感，还能够增加其对外宣传和交流的积极性和主动性。例如，一些博物馆利用数字技术改进展陈方式，优化文化遗产"用户体验"，利用虚拟空间技术等生成逼真、实时、三维的虚拟场景，强化展览互动性和参与感；又如，《中国汉字听写大会》《中国诗词大会》《朗读者》《国家宝藏》等节目利用新媒体平台吸引观众参与，以时尚有趣的形象展示中华优秀传统文化；再如，一部3D全景声京剧电影《萧何月下追韩信》在日本冲绳国际电影节上征服了无数观众，一举斩获"最受欢迎的海外影片"奖。

4. 提升了中华优秀传统文化的对外宣传和国际竞争力

新媒体使中华优秀传统文化能够更好地与世界接轨，展示中国的历史、现状和未来，讲好中国故事，增进国际社会对中国的了解和认同。同时，新媒体也促进了中华优秀传统文化与其他国家和地区的文化交流和互鉴，拓展了对外文化贸易的渠道和市场，提高了中国文化产业的创新能力和竞争力。

（二）新媒体对传统文化的消极影响

1. 新媒体导致文化碎片化和浅层化

由于新媒体信息量巨大，用户的注意力有限，往往只能接触到一些简单、快速、轻松的内容，忽略了深入、系统、严谨的内容，这就造成文化知识的碎片化和浅层化，使人们缺乏对文化内涵和价值的深刻理解和认同。例如，在一些新媒体平台上，有些用户会发布一些关于历史、文学、艺术等方面的内容，但往往是片面、断章取义或夸大其词的。

2. 新媒体导致文化同质化和流失

由于新媒体的传播范围广泛，用户的选择多样，往往会受到外来文化的影响和冲击。一些具有地域特色和民族风情的传统文化，在新媒体中难以展现其独特魅力和优势，容易被同质化或边缘化，一些非物质文化遗产（非遗），如民间艺术、手工技艺、民俗风情等，在新媒体中也面临传承危机。由于缺乏有效的保护机制和产业支持，以及年轻一代对非遗兴趣不足或认知不够，导致非遗人才断层和技艺流失。① 例如，有些人会用外语或方言来说话或唱歌，有些人会用外文风格的符号来表达自己，有些人会用外国故事或情节来创作自己的作品，这就使用户对本土文化的认同和传承变得淡漠和冷漠，并可能导致本土文化的同质化或流失。

3. 新媒体导致文化品质下降和价值扭曲

由于新媒体追求点击率、关注度、转发量等指标，往往会出现一些低俗、庸俗、偏激或虚假的内容来吸引用户眼球，这样就降低了文化品质和水准，并可能造成一些错误或片面的价值观念在社会中传播。例如，有些人会用色情、暴力、恐怖等手段来吸引用户眼球，有些人会用谣言、诽谤、造谣等手段来攻击他人声誉，有些人会用夸张、歪曲、编造等手段来误导用户思想，这就使用户对文化品质和价值产生错误或片面的认识，并可能造成社会道德风气败坏。

二、新媒体对社会经济的影响

（一）新媒体对社会经济的积极影响

1. 新媒体已经成为现代经济体同社会环境以及目标公众保持信息沟通的重要形式

信息快速更新，处于买方市场条件下的消费者，无时无刻不是处在来自各类组织机构的各种产品或服务的信息包围之中。在信息过剩的情况下，企业要获得生存和发展，必须将组织或产品的信息有效地传达给目标公众，通过各种媒介形式和消费者保持常态的信息沟通。同时，社会经济组织也需要通过各种媒介获取消费者的市场信息，从而进行针对性的传播和运营策略的调整。

与传统大众传播媒介相比，新媒体在传播速度上更加快捷，在沟通的信息内容上更加丰富，具有更强的传播互动性，传播也更为人性化和人情化。新媒介的这些特征使它们在社会经济组织和外部公众的信息沟通和关系维护中发挥

---

① 李敏. 新媒体对我国传统文化传承的影响探讨［J］. 卫星电视与宽带多媒体，2019（7）.

着更为有效的作用。

2. 新媒体产业迅速发展，成为社会经济系统的重要组成部分

新媒体的出现为社会带来了新的传播沟通方式。近些年，新媒体的发展速度迅猛，形成了规模逐渐庞大的新媒体产业。今天，以互联网产业、移动通信产业、数字媒体产业为代表的新媒体产业已经在社会经济系统中发挥着举足轻重的作用。

作为传播媒介的新成员，新媒体一诞生就是以独立经济实体的形式进行运营。它们和其他类型的企业一样是社会经济组织的细胞。在信息、技术发展的大背景下，新媒体产业是未来几十年发展前景广阔的朝阳产业。伴随着互联网基础服务的成熟，中国近几年的电子商务市场保持着快速增长的态势。

3. 新媒体产业的发展带动社会其他相关产业的发展

社会经济系统各组成部分之间关联密切，任何一个社会行业或产业的发展都会影响相关产业的发展，甚至会带动新的产业出现和旧产业的升级。进入21世纪以来，新媒体产业不断发展壮大，产业规模持续扩张。新媒体产业的快速发展带动了新媒体的衍生产业以及其他相关行业如网络建设、网站维护、文化创意、内容提供、物流、技术服务等行业的发展。

4. 催生了新媒体经济

新媒体的发展及其在各行各业的渗透促进了新媒体经济这一新型经济发展形式的产生。它主要基于新媒体环境的开放性和互动性，以新媒体经济终端为媒介进行经济信息的传播，同时也提高了信息的互动性。同时，新媒体经济在很大程度上减少了传统经济发展方式中的设备成本，人们发布和传播信息的成本被大幅降低，而且对数据处理的效率得到了很大的提高，这就给新媒体经济的发展带来了便利，推动新媒体经济朝着信息化、数字化的方向发展，从而促进社会经济的转型。

（二）新媒体对社会经济的负面影响

新媒体技术的发展使信息传播更加开放，传播环境更为复杂，这样对新媒体信息传播管理造成了较大的困难，特别是随着新媒体技术在社会经济中价值的凸显，使得新媒体各类商品营销、广告营销层出不穷，其中不乏掺杂着大量的虚假信息，严重侵害了用户合法权益，也制约了社会经济的发展，新媒体平台开发性也为不良信息传播提供了土壤，如产权知识侵权、宣传广告抄袭等，从而严重影响社会经济的发展。①

---

① 刘苏旸，兰小红. 浅论新媒体技术对社会经济的影响［J］. 品牌研究，2022（12）.

三、新媒体对科技传播的影响

（一）新媒体对科技传播的有利影响

与传统媒体相比，新媒体具有信号的高速度和高清晰度、高共享度和高互动度、更优越的信息深度、广度与发散度、信息传播多媒体化、信息定制个性化等优势。新媒体技术在"以人为本"的科技信息时代，充分满足人们对于信息多样化的需求。对于科学知识这一意义重大的资源，新媒体的出现与发展无疑为其广泛传播提供了更广阔的空间。

其一，强大的跨媒体整合功能更有效地传播科学知识。以互联网为代表的新媒体有别于传统媒体的最大优势在于跨媒体的信息整合功能。新媒体与传统媒体的复合型组合，决定了对科技知识传播形式与传播内容的多样性。利用互联网与电视的整合功能，使人们只通过一种工具就能便捷地收看到想看的电视节目，还可以无限次点击、随时随地不受限制地接收，更加轻松自由地走进科学世界，获取科学知识。又如，手机短信与科技类报纸的组合，人们只需拥有一部能上网的 WAP 功能手机，通过对信息内容的订制服务，即可随时随地获取有关科技新闻方面的信息。

新媒体的这种信息整合功能，使现实生活中科技知识、科技新闻与信息的传播，通过更广泛、更先进的途径得以实现，从而更深刻地体现科技传播"以人为本"的人文精神。人们在现实生活中须借助不同的传统媒体获得的科技知识，经过各种新媒体的复合型方式的组合，进行资源集中、信息整合，实现了受众接收科学信息的高度自由化与个性化的理想状态。

其二，快速的连接功能有利于科学信息的搜索与查询。以互联网和具备上网功能的手机等新媒体为例，快速的连接功能是传统媒体无法比拟的天然优势。人们若想查询某个有关科学方面的问题，只要在互联网的相关网站上输入需要查询的关键字词，相关资料的信息便以海量的信息标题呈现在读者眼前，同时还可以享受由链接功能带来的更多的科技信息。只要读者感兴趣，任何科技信息和知识都可以通过网络搜索获得，新媒体这种便捷的传播特性省去了为解决某个科学问题而要跑图书馆、一本接一本地翻阅资料的烦琐。

其三，多媒体传播形式极大地丰富了科学知识的传播内容。科技时代的社会发展迫使人们不断地接收科学知识。人们在忙碌的生活工作中难以静下心来仔细阅读科学读物。而新媒体传播手段正好解决了这个难题，生动多彩的多媒体传播特性满足了人们获取科学知识的愿望。抽象难懂的科学知识，更需要影像化、立体化的解读方式来帮助读者接收理解，新媒体的多功能传播形式恰好满足了这种信息的传播要求，并且在技术上拓宽了科学知识传播的形式，丰富了科学知识的传播内容。

（二）新媒体对科技传播的不利影响

任何事物都有正反两面，作为一种新兴的大众传媒，新媒体对信息的传播犹如"双刃剑"，它的某些传播特性一旦被不恰当地利用，就会对科技传播带来负面的影响，甚至造成严重后果。

首先，一些新媒体传播的"科学知识"误导受众。由于现阶段缺乏严密的信息监管，很多似是而非的"科学信息"广泛流传，给人一种印象——就是经过互联网传播的科技信息真假难分，难以置信，其真实性、可靠性、权威性始终是让人诟病的软肋。错误的、虚假的、未经证实的科技信息，在新媒体的广泛传播下，其不利因素会成倍地放大，对科学知识的普及将产生恶劣的影响，阻碍人们获取真正的科学知识。

其次，新媒体为传统的迷信活动披上科学的外衣。现实生活里，占卜、问卦、算命等现象仍有活动的势力，到了互联网时代，这些迷信活动利用新媒体的传播特性和技术手段，披上科学的外衣变相传播，电脑算命、星座测试、预测未来等伪科学的迷信活动在新媒体的传播领域里仍旧活跃。可见，新媒体给这种伪科学的生存提供了更广泛的土壤。

再次，新媒体可使严肃的科学问题娱乐化、低俗化。新媒体高度的开放性，在使人们受益的同时也暴露出缺乏严密监管的缺点。对科技传播的不利影响表现为使严肃谨慎的科学问题娱乐化、低俗化，侵犯了科学知识的权威形象。人们常在网上看到一些文章标题描述的貌似某一科学领域的重大发现，言论格外吸引眼球，点击打开阅读之后，发现文章描述的并非科学问题，而是普通的生活现象，甚至是某些人无聊恶搞、故弄玄虚的产物。点击阅读假新闻的人们有被玩弄的感觉。诸如此类的情况常在互联网上出现。新媒体缺乏严密的信息监管，导致这种伪装成重大科学发现的信息过于泛滥，甚至玷污了本该干净纯洁的科学领域。

四、新媒体对教育教学的影响

（一）新媒体对教育教学的积极影响

1. 新媒体充实了教育教学的方式与途径

随着新媒体技术处于不断发展中，新媒体的各种优势逐渐展现，如便捷、开放、包容、自由、互动等，这些特点吸引了大量学者与专家，他们希望把新媒体的优势与教学相结合，以助力教育事业蓬勃发展。

于是，教师在教育教学中广泛应用新媒体技术，使学生教育从传统"一板一眼"的教学模式转变为多元、灵活的教学模式。课堂不再受到时空的限制，教师可以通过手机、网络等媒体对学生进行教育，同时，这种方式还避免了传统"填鸭式"教学的单向性，让学生更加全面地接受知识。

2. 新媒体提升了教育教学的效率与水平

第一，新媒体能够进行高效、大量的信息传播，提高了教育工作者搜索资料和备课的效率。由于学生对网络的使用率呈现逐年上升的趋势，新媒体也为学生运用网络完成作业提供了大环境的支持。同时，教育者通过新媒体渠道还能够获得许多最新的教育素材，如优质课堂视频、优质教案等。

第二，新媒体时代，学生教育可以采取平等和互动的模式进行，这有助于减少学生对于课堂的抵触情绪，还能激发他们的学习兴趣，如运用微博、留言板等软件进行互动交流。

第三，新媒体提升了教育教学相关内容的传播水平和速度，为教育工作提供了更多样的方式，开辟了更多有价值的网站，如心理咨询网站、时政热点网站等，这些网站是新媒体的重要代表，它们具有即时性、共享性，使学生可以随时查看各种相关信息，极大地缩短了查阅资料的时间。

3. 新媒体可以丰富教育教学的内容与资源

新媒体产生的消息都是时刻更新、不断丰富和充实地动态存在，教育者可以运用网络查询自己所需要的各种信息，为备课与教学提供便利与帮助。同时，新媒体也为学生群体的道德实践与理论学习提供了丰富的资源，学生可以运用网络获得亲临现场的体验感。总之，新媒体的发展为学生提供了更宽广的获取知识的空间，让他们有更多了解国内外大事件的机会，为他们的深造提供了丰富的信息资源。

(二) 新媒体对教育教学的负面影响

1. 教学内容没有突出重点

新媒体与教育教学工作的衔接，更多的是教师将教学内容多媒体化，而课件内容并没有很强的逻辑特性，学生抓不住重点。

从另一个角度来说，教师过于关注课件内容的多样性，反而导致学生抓不住教学重点。尤其是教育教学实践中，学生对知识点的吸收较少，且缺乏理解。教师对教育教学负责任的程度不同，课件制作质量参差不齐，教学内容和方法缺少实用性，自然影响了教学质量。

2. 教学内容之间缺少逻辑性

新媒体是最近几年出现的一个新名词，它和传统媒体有很大差异性，因为它是跟随时代不断更新的技术手段。新媒体是计算机在处理信息技术的过程中出现的一种媒体形态，它是社会发展大环境下的一种智能化产物。新媒体促使教学内容的呈现方式发生了变化，有些教师过于关注电子化教学，不重视教学内容的连贯性，仅仅是教学视频、文字资料的"搬运工"，而忽视了实验教学。

第二章　新媒体的分类

新媒体是现代信息传播的有机组成部分，能够切实转变社会大众的行为规范和思维模式，能够充分地提升信息传播的质量和效率。新媒体有很多类型，本章主要对新媒体的分类进行了论述。

第一节　网络媒体

一、网络媒体的概念

关于网络媒体的定义很多，有的称新媒体，也有称第四媒体。其基本的要素包括数字化信息、互联网、发布平台、编辑制作系统、信息集成界面、传播通道、接收终端等。从狭义上讲，网络媒体也可以看成通过互联网发布新闻的信息平台。在国内一般是指传统新闻单位办的电子版、网络版等网上新闻信息发布平台。

一般认为网络媒体，是通过互联网传播数字数据的综合信息发布平台。这个平台的信息呈现为经过一定编辑制作系统加工的界面表现形式，并可为不同电子终端所接受。网络媒体依赖 IT 设备开发商们提供的技术和设备来传输、存储和处理音视频信号。网络媒体和传统的电视、报纸、广播等媒体一样，都是传播信息的渠道，是交流、传播信息的工具，是信息载体。交互性是网络媒体的最大优势，它不同于传统媒体的信息单向传播，而是信息互动传播。通过链接，用户只需简单地点击鼠标，就可以从相关网站中得到更多、更详尽的信息。另外，用户可以通过网络直接填写并提交在线表单信息，商家可以随时得到宝贵的用户反馈信息，进一步减少了交流双方之间的距离。显然网络媒体不仅包括新闻单位网站，还包括商业公司办的有新闻等公共信息发布业务的网站。

二、网络媒体的功能

（一）监视环境功能

监视环境即及时向社会成员提供社会内部和外部环境的重要事件和最新变化。一旦上了因特网，报纸不再受到版面和截稿时间的限制，突发事件发生时可以在第一时间发布信息。与此同时，因特网向公众提供了更为广泛的信息源，国际组织、政府机构和社会团体可以设立自己的网站发布自己的信息。

（二）决策参与功能

在传统的大众传播环境中，公众的知情权和告知权是通过大众传媒来实现的。传统媒介固然可以反映民意，但是公众的直接反馈却不及时或者很少，因特网作为自由的信息平台，公众意见能够得到迅速、及时和充分的反馈。

（三）文化传承和教育功能

由于有了信息网络，每一个社会成员都可得到比今天任何人拥有的更多的信息，从而激发求知欲和想象力，网络时代给人们的教育观念和教育模式带来了极大的变化，使"有教无类"得到实现。

（四）娱乐功能

随着宽带和流媒体技术的发展，传统大众传媒所能提供的各种娱乐形式都可以通过网络获得。对于许多网民来说，网络甚至成了他们主要的娱乐工具，他们通过网络下载音乐，通过网络在线阅读文学作品，通过流媒体观看动漫、电视剧甚至好莱坞大片。此外，其独特的交互功能给网民带来了全新的娱乐形式——网络游戏。

三、网络媒体的特点

（一）交互性

网络媒体的交互性，是指人类与计算机之间、计算机和计算机之间可以通过信息交流和传播，创造"对话"意境，共同完成复杂的任务。在今天，一项任务尤其是复杂艰巨的任务，只靠一个人的力量恐怕是极难完成的，数百年前电话是由爱迪生一个人发明的，可是现代的电视、汽车、电脑等都是由一个团队或一个公司发明的。当因特网把世界上最优秀的、最有实力的人或公司连接起来的时候，所产生的巨大潜力是惊人的。在因特网上，人人对话、人机对话、机机对话的方便让人流连忘返。计算机虽然不如人类具有如此强大的创造力，但却有极强的记忆力、运算能力，这正好弥补了人类的不足。计算机的反应时间是即时的，机机之间的信息交换可以根据预先设计好的程序进行无数次交互来完成。这种电子交互式的网络传播既不同于人际双向传播，也不同于大众媒体"独白式"的虚拟传播，而是两者的整合和创新。交互的形式每一天都在增加，如交互式 CD、交互式电视、电子邮箱、电脑购物、电子游戏、在线聊天、网上交易、网上购物、远程教育等。

（二）自主性

以往，人们总是被动地阅读、收听和观看信息，这些信息里面有时候包含他们所讨厌的内容。传播者积极地将信息推向受众，受众则消极地打开"开关"等待信息的来临。然而，网络媒体传播中的人们必须自己主动地去寻找信息、搜索信息、追逐信息。这种自主性给了受众极大的自由，他们可以随意选择他们喜欢和感兴趣的内容，而对讨厌的内容不去点击。人们通过手中的鼠标或者仅凭手指触摸屏幕就可以方便地下载、录音、录像，还可以进行存储、整理、评说、复制、剪辑，并可以自由自在地调用和发送信息。网络媒体由此以"第四媒体"的标志在人类生活的环境中堂而皇之地存在。网络媒体的自主性符合人类的心理特点和行为方式，受众可以坐在柔软的沙发上，阅读即时在线的图书，观看福克斯的精彩电影；受众也可以随意点击一下看中的亚马逊公司数千万种商品中的任意一种。

（三）多向性

传统媒体的传播方式比较单一。多数传统媒体采用一对一或者一对多的传播方式。互联网的传播模式，打破了传统媒体的传播方式，在同一时间，同一网站，受众群可以接收到来自各领域、不同阶层发出的不同声音，消息得到快速有效的传播，传播者与接受者地位更加趋于平等，这也正是新兴媒体的传播优势。

（四）广泛开放

网络媒体的开放性，意指任何一个国家、任何一家公司、任何一个公众都可以参与其中，而网络媒体的所使用的因特网却不属于任何一个国家、任何一家公司、任何一个人。因特网的所有技术都是基于标准的，这与世界上同样十分成功的两大网络——电视网和电话网不一样。世界上任何一个电话都可以拿到另一个地方使用，电视网就稍微差一点，因为在各个国家的制式不一样。因特网不仅在技术上是开放的，在管理上也是完全开放的，它不属于任何政府、任何公司。网络的起源和构造决定它是自由的。它由一大群相互独立的电脑网络组成，没有一个中心，也没有一个边际，真正像一张"网"。在管理上，仅有一个非常小的域名管理组织，那也不过是为了防止两家公司使用一个名字而已。因此在管理这一点上，网络媒体与电视网和电话网也不一样。电视网是受到几家主要电视台、政府和通信机构严格控制的；电话在世界上一般由几家电信公司垄断。网络媒体与生俱来的开放性，使其比增设一个电视台、一个电话公司容易得多了。这种开放，使得网络媒体发展飞速。大部分的传统媒体和公司都设立了自己的网站，许多公众人物或意见领袖都开通个人微博，尽量获得信息优势和舆论主动。

四、网络媒体对传统媒体的影响

（一）帮助传统媒体实现转型

首先，网络媒体可以为传统媒体提供新的话题和素材。网络媒体能够更迅速、更广泛地获取信息，这使得其能够在第一时间报道新闻事件，并能够先于传统媒体报道。因此，传统媒体可能会参考网络媒体的报道，从而获得新的话题和素材。网络媒体能够为传统媒体提供更多的受众群体。随着年轻受众向数字化媒体倾斜，传统媒体需要寻找途径吸引更多的受众。其次，网络媒体能够帮助传统媒体在数字时代保持竞争力。传统媒体需要适应数字化时代的变化，如建立在线版、利用社交媒体等。通过与网络媒体合作，传统媒体可以学习并采用数字化技术，提高自身的竞争力。因此，在数字化时代，传统媒体需要与网络媒体展开合作，共同实现创新和转型，以保持自身的竞争力。①

（二）弥补传统媒体的缺陷

传统媒体具有权威性、可信度高等特点，而网络媒体则具有更高的时效性、互动性和个性化服务能力。因此，网络媒体可以弥补传统媒体的一些缺陷。传统媒体可能无法及时反映事件的最新发展情况，而网络媒体可以通过实时更新和推送，将事件信息以较快的速度传递给受众。例如，当突发事件发生时，网络媒体可以立即推出相关内容，而传统媒体可能需要等待下一期报纸或

---

① 万松. 浅析网络媒体对传统媒体的影响［J］. 西部广播电视，2023（18）.

电视新闻才能报道。传统媒体在传播信息时往往局限于特定的区域和受众群体，而网络媒体可以覆盖全球任何地方的用户，并且可以根据用户的兴趣和偏好为其提供个性化的服务。传统媒体没有太多的互动功能，而网络媒体可以为用户提供互动平台。尽管网络媒体可以弥补传统媒体的一些缺陷，但它也有自身的局限性，如网络媒体往往存在着可信度和真实性较低的问题，因此用户在获取信息时需谨慎对待。此外，网络媒体对于某些事件的报道可能过于片面，没有像传统媒体那样进行深入、持续的调查和分析。

综上所述，网络媒体可以弥补传统媒体的某些缺陷，如提高信息传播的速度、覆盖更广泛的受众群体、为受众提供互动平台等。然而，网络媒体与传统媒体之间并不是简单的取代关系，而是相互影响、相互促进的关系，所以二者应该相互融合，以实现更好的新闻传播效果。[①]

五、网络媒体管理的措施

（一）完善网络媒体监管机制和监管手段

相关部门应加强对网络媒体市场的调研力度，准确把握当前网络媒体市场的实际情况，准确预测网络媒体市场的发展趋势，了解网络媒体运营管理过程中遇到的各种问题以及网络媒体企业的发展诉求，并以此为基础来调整网络媒体监管方法与监管理念，加强对网络媒体企业的监督管理力度，逐步完善新闻信息准入机制。同时要将打击网络虚假不良信息纳入网络媒体监管工作体系中，提高对网络虚假信息的重视度与关注度，坚持行政手段与法律手段相结合的方式来提高网络媒体监管效果；加强对各网络平台的技术监管力度，及时发现虚假不良信息，快速准确研判该虚假不良新闻信息可能会造成的社会影响，强制要求相关网络媒体企业或者平台快速删除相关信息，避免信息的再次传播与扩散，从而降低该虚假新闻信息的消极影响。此外，相关部门还应对生产或者传播虚假不良新闻的网络媒体企业或者平台进行相应的处罚，重拳打击，铁腕治理。

（二）提高网络媒体从业人员的责任意识与自律能力

网络媒体企业或者网络媒体从业者应深刻认识到虚假不良信息对维护正常社会秩序、保障社会和谐稳定的破坏力，促使其主动认真检查和严格审核每一条新闻信息，最大限度地提高网络信息的真实性与完整性，以拒不采用、绝不

---

① 李彦龙. 探讨网络媒体与传统媒体的竞争与融合［J］. 卫星电视与宽带多媒体，2019（12）.

转发、必须删除等方式来对待网络虚假信息，切断网络虚假信息的传播途径。另外，网络媒体企业和平台还应加强对网络媒体从业者的培训力度，对从业人员进行意识形态、新闻采编、法律法规等方面知识和技能的强化训练，提高网络媒体从业人员的专业素养和工作能力，强化网络媒体从业人员的法律意识、道德意识以及责任意识，促使其转变对虚假不良信息的错误认知，扭转单纯的逐利意识，有效降低其采编或者传播虚假不良信息的概率。

（三）严格网络信息审核把关机制

网络媒体企业和平台应调整和完善网络新闻信息审核把关机制，优化网络信息审核流程，提高网络信息审核的标准和速度。另外，还应完善网络媒体企业内部考核机制，根据网络新闻所带来的社会效益、经济价值以及点击率、阅读量，综合判断新闻信息的优劣，提高网络信息审核机制的完善性与审核标准的灵活性。

（四）提升受众对网络虚假不良信息的辨别能力

相关部门应加强网络虚假不良信息危害性等方面的宣传力度，让受众了解传播网络虚假不良信息的危害，提高受众对网络信息的辨别能力与监督能力，拓宽受众监督举报渠道，为充分发挥受众对网络虚假新闻信息的监督力度奠定了基础。①

六、网络媒体的应用

（一）在教育领域的应用

随着信息技术的发展，网络媒体技术在教育领域中的应用已经从单向应用中的一种方式演变，例如，计算机，投影仪和演示文稿到双向交互式形式，如，3D 投影、VR 和 AR。通过网络媒体技术提出教学内容已成为一个不可或缺的部分，对教育概念的转变也产生了深远的影响。总而言之，教育中的网络媒体技术具有以下功能。使用 3D 投影技术可以为复杂的精细结构提供真实的预测，并深化学生对复杂结构的理解。VR 模拟的完全逼真的环境，可以为学生提供对历史演变和时代背景的全面了解。与传统教学方法相比，投影设备和网络媒体的合并应用允许教师在课程中插入特定和生动的例子，例如，图片、视频和音乐，解释相对模糊的课程内容。互联网技术和网络媒体的结合为教师

---

① 洪长青. 网络媒体的管理策略［J］. 传播力研究，2019（16）.

和学生提供了教学准备和学习材料，允许他们从更宏观和多维视角检查课程内容，从而获得更好的学习体验。此外，从教师的角度来看，由于网络媒体技术的特点，用于有效地处理和传输信息，教师节省了在课程中重复黑板写作的时间。从学生的角度来看，移动媒体终端的可移植性为学生提供了学习随时随地的学习机会。网络媒体技术帮助学生快速了解概念，提供网上教室形式的自主学习渠道，提高了学生的学习效率。

（二）在电影领域的应用

电影的质量取决于拍摄。网络媒体技术在电影制作过程中扮演着重要的角色。网络技术可用于编写脚本、模拟场景、捕捉复杂图像。使用网络媒体技术拍摄时，要注意：一是借助网络媒体技术，可以用电脑记录电影剧本，保存完成的电影剧本。其次，借助电脑相关的演示软件，可以模拟具体的拍摄环境条件，创建风景模型，收集电影相关信息并进行调整。传统的剪辑方法需要花费大量的时间和精力，效果也不是很好。使用网络媒体技术来编辑，可以节省时间和精力，并且修改的数量是无限的。此外，网络媒体技术还可以处理声音和音质，这是传统人工剪辑没有的优势。与传统的编辑方法相比，使用基于计算机的网络媒体技术可以保存材料以防止损失，随时进行编辑，并有效地减少错误。网络媒体技术简化了传统的编辑过程，这不仅可以减少时间，还可保证电影的质量。

（三）在新媒体领域的应用

网络媒体技术广泛应用于新媒体领域。例如，新媒体在描述事件过程中经常使用文字、图像和视频。网络媒体技术正是将文字、图形、视频等功能轻松、快捷地集成在一起，显著提高了用户的工作效率。随着网络媒体技术在新媒体中的运用，新媒体的文字、图形和视频编辑功能变得更加强大，从业者使用文字、图形和视频进行编辑也会更加容易。在新信息时代，任何人都可以成为创造者，都可以使用新媒体平台的文本、图形和视频等工具编辑和发布信息。此外，网络媒体技术的进步带动了传统新闻业的发展，改变了人们的阅读方式。为适应阅读方式的变化，越来越多的传统媒体利用网络媒体技术将音频等杂志数字化，运行多种阅读程序，提供线上阅读服务。此外，数字报纸和杂志可以轻松存储、编辑和传输。[①]

---

① 任军胜. 网络媒体技术及其应用研究［J］. 传播力研究，2022（3）.

（四）在电子商务领域的应用

网络技术的进步，带来了电子商务的繁荣，也改变了人们的购物方式，人们在家就可以买到自己想要的商品。这些都得益于网络媒体技术的发展，借助网络媒体技术，将用户需要的产品进行展示，通过虚拟购物场景，用户能够在网上直接看到需要的产品的全部信息，如此，用户既能买到心仪的产品，同时还能满足用户的购物体验。在当前电子商务领域，网络媒体技术的应用已经越来越普遍，例如，带货直播，用到了很多网络媒体技术，如画面渲染、镜头捕捉、长短镜头切换等，这些技术让带货直播场面更加真实，增加了用户的了解，让用户进一步了解产品信息，进而影响用户的购买决策。可见，当前电子商务领域已经离不开网络媒体技术，网络媒体技术凭借着高效、便利性促进了电子商务的发展。未来在电子商务领域，随着网购需求的进一步加大，网络媒体技术也必将进一步发展，将进一步满足消费者的需求，让消费者有更加完好的购物体验，不断加强在电子商务领域的创新，届时给消费者生活方式带来更好的改变。

第二节　移动媒体

一、移动媒体的概念

移动媒体，主要指不同于传统媒体，利用数字传输技术播出、满足流动性人群视听需求的新兴媒体。移动媒体是新媒体的一部分。网络媒体和移动媒体构成了新媒体。移动媒体的发展为传统媒体带来挑战的同时也带来了发展机遇。在当今信息与传媒高速发展的时代，移动媒体已经越来越凸显其重要作用。

二、移动媒体的常见类型

（一）智能手机

1. 智能手机的主要特征

（1）拥有独立操作的系统

智能手机与传统手机的最大区别是，智能手机拥有可升级且独立的操作系统，用户在使用智能手机的过程中，利用手机系统完成各种智能化操作。操作系统是智能手机与传统手机的最显著区别，也是智能手机的核心。

（2）自由安装各种软件

智能手机可以支持用户根据个人喜好安装由第三方提供的各种游戏和软件，并且利用此类程序扩充以及完善手机功能。当前，随着我国手机软件行业的发展，各种功能的软件不断地被开发和利用，为用户带来了前所未有的使用体验。

（3）支持端口扩展和任务处理

智能手机需要支持端口扩展和任务处理，具有文件处理管理系统以及任务调度系统，具有电脑的全部以及部分功能，还可以通过连接移动网络而接入无线网络，带给用户以使用便利。

2. 智能手机的发展趋势

（1）外观更加多样丰富

目前市场上的智能手机操作系统主要以 iOS 和 Android 为代表，在手机硬件和软件日渐统一的背景下，用户对智能手机的外观也提出了新要求。同时，随着智能手机的快速发展，除了年轻群体之外，中老年群体也成为智能手机的潜在消费群体，而不同消费群体拥有各自的审美特点，对手机外观的需求也呈现多元化。首先，年轻群体更加追求时尚和个性化，对于智能手机的"颜值"特别关注。其次，智能手机在人们的生活中所扮演的角色更加重要，很多老年人也开始关注和使用智能手机。

（2）功能多样化

在未来的智能手机中，功能将成为其市场竞争力的重要核心，而随着手机产业竞争程度的不断提升，各种全新的功能会带给用户以全新的体验，例如：场景模拟、立体拍照、语音控制、HTML、裸眼 3D 以及 NFC 功能等，将成为智能手机的必备功能。[①]

（3）普及型智能手机

普及型智能手机通常采用流畅的操作系统，具有较强的应用下载功能，其硬件配置可以保证用户使用的流畅性，拥有良好的性价比。在 4G 移动网络普及的背景下，普及型智能手机将为用户提供更加良好的使用体验，成为手机市场中的热销产品。例如，苹果等国际品牌手机的价格居高不下，而我国很多国外手机厂商已经开始将精力集中于千元机领域，并且在我国市场中取得了良好的营销效果。小米、华为荣耀等主流品牌，其主打策略就是性价比，手机不仅

---

① 管增安，张强，张鹏. 移动互联网浪潮下的智能手机发展浅析［J］. 科技资讯，2018（8）.

可以满足用户的正常使用需求，而且还物美价廉，受到用户的广泛好评。

（4）智能终端的融合

随着科技的发展，智能手机的硬件升级逐渐无法满足用户实际需求，生产厂商开始向智能终端融合方向发展，例如：华硕厂商，其不断尝试智能手机与平板电脑的融合，为手机配置一个键盘和屏幕，改变了人们对智能手机的理解和定义，同时也带给用户以全新的使用体验。

（二）平板电脑

平板电脑是一种便携式计算机，一般采用小于 10.4 英寸的液晶显示屏，屏幕带有触摸感应功能，具有手写识别和无线网络通信功能，包括集成键盘的"可变式平板电脑"和外接键盘的"纯平板电脑"两种。平板电脑集移动商务、移动通信和移动娱乐于一体，比笔记本电脑有着更好的便携性、更出色的做工、更优秀的功耗控制，由于它采用与手机相似的操作系统，人们在使用时会潜意识地与手机进行对比，虽然平板电脑拥有较大的机身，但它在性能上往往不会输于手机。

随着无线网络的普及，平板电脑将可以在城区和公共场所自由地移动上网，更方便地使用带宽和流量。在未来实现云计算机的网络环境中，用户数据存储和处理需求将在网络中实现，便携式移动终端的速度和多媒体表现力将成为用户的主要选择。

第三节　社会化媒体

一、社会化媒体的概念

社会化媒体，来源于英文单词"social media"，最早出现在 2007 年安东尼·梅菲尔德（Antony Mayfield）所著的 *What is Social Media*，在国内常见的翻译有"社交媒体""社会化媒体"等。"社会化媒体"着重强调 social media 的社会影响，比如其社会动员的能力、企业营销能力等。社会化媒体相对于机构化媒体而言，主要侧重于传播者与内容生产方式，强调的是传播内容。

社会化媒体是基于用户创造内容的媒体，指由公众自主参与形成的，以多对多地传播交流为基本特征的新型在线媒体，包括博客、微博、维基、播客、论坛、内容社区以及个人网站、微信公众号、微信视频号等。社会化媒体是以对话的形式进行沟通，参与者是个人，诚实与透明是核心价值，呈现出分布式结构，引导人们主动获取。

二、社会化媒体的特征

1. 互动性

社会化媒体鼓励所有用户生成内容和反馈内容，打破了传统媒体与用户之间的隔阂。

2. 开放性

所有用户都可以生成、评论和分享内容，无障碍地参与和使用社会化媒体。

3. 会话性

传统媒体采用"广播"方式，内容由媒体向用户单向传播；而社会化媒体信息在媒体和用户之间双向流动，形成了互动交流，信息可以像病毒一样迅速而高效地蔓延。

4. 社区性

在社会化媒体平台上，用户可以根据个人兴趣形成社区，在社区内交流。

三、社会化媒体的组成要素

社会化媒体由三个核心要素组成：关系、连接与互动。

（一）关系

关系是社会化媒体的纽带，社会化媒体平台上的用户不是孤立的个体，而是由关系连接起来的群体。用户在社会化媒体上同熟人联系，认识志同道合的新朋友，通过"加好友""关注""收听"等行为建立关系。社交关系的建立表达了用户的社交意愿，用户进行有效的互动，形成自己的社交关系网络和社群组织，保持参与社群活动的热情和动力。对于商业机构来讲，组织在社会化媒体上的好友数和粉丝数意味着该组织发布的信息的受众数量。因此，在社会化媒体上建立新的社会关系尤为重要，组织机构经常利用社会化媒体强化与受众的关系。

在社会化媒体上的关系有两类：强关系和弱关系。美国社会学家格兰诺维特最早提出了"强关系"与"弱关系"的概念。强关系指的是联系比较频繁、亲切紧密的社会关系，多存在于亲朋好友之间。在腾讯 QQ、微信等社交媒体上可以组建各种各样的群，如班级群、家庭群等，这些群组成员之间的关系是相对直接的、稳定的、持久的。

弱关系指的是联系不太频繁、较为边缘化的社会关系，临时组建的群，原本不熟悉的人因为共同关注某一话题、热爱某项运动、参与了某次会议进入了群里，共同讨论对某事件或现象的理解和看法，表达自己的思想和情绪。群组成员之间的关系是间接的、松散的、不稳定的，随着人们的注意力和兴趣点不断发生变化，也会随时退出该群。

在社会化媒体平台，强关系与弱关系的界限变得模糊，弱关系也可以迅速转化为强关系。现实社交需求、认同需求、利益需求、信息需求的强度也会影响关系连接的强度。

（二）连接

连接，是互联网的基本要义。社会化媒体实现了用户在线上虚拟世界与线下真实世界的连接。社会化媒体的出现是互联网发展的分水岭，将物的网络推进到人与人之间关系的网络。

强连接是指线下的人际社交关系中，人们的连接更加真实，能够看到彼此的一颦一笑和举手投足之间的体态语言。而网络社交平台上的连接却是一种弱连接，较为典型的是游戏类的社交平台，以及婚恋网站，但在实际的网络交友过程中，人们会感觉到线上弱连接的关系更自由，比如可以迅速发展一段恋情，也可以迅速结束一段关系。

（三）互动

社会化媒体是一种可以实现信息互动的媒体，以文本、音频、视频、图片等多种形式在网络社区上呈现，使网络用户与品牌、机器和社会之间实现了无障碍的交流与互动。社会化媒体的互动行为有转发、评论和点赞。

第一，转发。社会化媒体中的转发是信息扩散的重要手段。从表面上看，转发的是内容信息，而实质上，转发是一种自我表达的方式，以此来塑造自己的形象，借用他人的信息或观点表达自己的价值观。首先，转发行为表达的是对内容的认可。其次，转发是一种信息关系的行为，起到信息过滤器的作用。需要注意的是，转发有时只是为了换取别人的好感或维系与某人的关系，并不一定表示认同所转发的信息。

第二，评论。从早期的论坛到如今的微博、微信，社会化媒体一直保留着评论的功能。评论既是表达个人观点的方式，也是与他人建立联系、引起他人注意、获得成就感的途径。

第三，点赞。点赞是社会化媒体产品新增的功能，也成为网络用户日常的动作，大多数用户会选择与自己相似的人或自己感兴趣的内容点赞。点赞行为就像日常生活中与人见面打招呼一样，逐渐演化成一种礼仪，成为一种连接人与人关系的纽带，可以起到润滑的作用。当然，有些点赞行为只是为了体现自己的存在感，甚至衍生出"点赞党"，点赞成为用户不假思索的习惯性动作，这种点赞行为是一种条件反射，并没有实际的意义。

四、社会化媒体群体极化及其纾解

（一）群体极化与社会情绪形成原因

社会化媒体已成为重大公共安全事件舆论场。新媒体时代，哈贝马斯提出的介于"私人领域"与"公共权力领域"之间的"公共领域"被复制到以社会化媒体为载体的虚拟空间中，形成了巨大的社会化媒体舆论场。这种舆论场既是现实生活中社会关系的映射，又是跨越时间与空间的多维度场域，不同身份的公众往往可能因为兴趣、理念、观点的相同而聚合，进而产生更多更鲜明的"群体态度"，形成不同的舆论群体，成为舆论场。社会化媒体舆论场由于建立在不同的社会关系上，传播模式相对感性，容易形成情感传播。尤其在讨论重大公共安全热点事件时，"群体态度"的形成更加快速而激烈，舆论场充斥着新闻、观点、情绪，为舆情治理带来了新的挑战。

社会化媒体中的群体极化与社会情绪成因。群体极化现象始于社会心理学研究，其概念为：在同一倾向的观点中，经过群体讨论形成的群体态度，往往比个人原始态度的平均值更趋向极端化。新闻传播学领域的研究者从互联网视角进行研究。传播学者们认为，网络群体极化是由巴尔干效应、回音室效应、信息茧房引起的。网络巴尔干效应是指网络会因为利益等原因分裂成不同子群，而回音室效应和信息茧房效应则指与自己类似的观点被接收，相反的观点被忽略，从而在信息闭环里放大自己的观点。社会化媒体使舆论态度感性化，公共议题常以情绪化的方式传播，其平台上的群体极化也因共情而生。这种共情催生群体极化，个人情感通过舆论场中的关系网络复制裂变，又随着信息闭环被不断循环放大，最终导致个人情感在极化过程中比原始情感更加强烈。

（二）社会化媒体群体极化后的情绪纾解机制

群体极化伴随着群体情绪化，使群体情绪和舆论面临着双重失控的风险，因此，妥善引导社会化媒体群体极化的情绪十分重要。

1. 群体极化后的社会情绪走向

循环震荡。社会化媒体中的群体极化更易积累负面情绪，导致舆论场的不稳定性。当受到类似事件或者事件恶化等新的外部刺激时，这种情绪伴随着群体极化产生更大范围的影响。尤其当情绪无处发泄，或者观点本身受到强烈攻击时，可能形成"社会抗争性叙事"，"高度语境化的情绪话语进入公共领域"，循环刺激社会化媒体的舆论场，最终使舆情更加不可控。

反向极化。社会情绪在受到反向刺激之后，容易呈现反向极化。社会化媒体的舆论场早已不再是单一的舆论场，而是多元化、多种群体观点互相博弈的舆论场，"沉默的螺旋"被消解，反向极化是可能产生的结果之一。

自消解。社会化媒体中的社会情绪不再受到其他强烈的外部刺激后，会呈现逐渐稳定状态，完成社会情绪在舆论场中的自消解。社会化媒体平台的"树洞"特性消解负面情绪，让公众在舆论场找到释放空间，用户对于社会化媒体的"使用与满足"，纾解了群体极化和负面情绪的积累。

2. 群体极化情绪纾解特点

情绪纾解是群体极化消失的重要标志之一。情绪纾解的过程中，社会情绪的特点会发生下列转变：

快速向慢速转换。当群体极化充斥舆论场时，情绪感染速度快、聚合快，所以呈现高度传染性、聚合性。而群体极化爆发后，随着时间的推移，情绪逐渐回落，事件曝光率降低，情绪的感染速度降低，聚合变慢，完成了从快速向慢速的转换。

感性向理性转换。社会化媒体大大消解了沉默的螺旋效应，当某种情绪伴随着群体极化充斥舆论场后，处于弱势地位的其他群体观点也会开始发声，形成对抗。在对抗的过程中，理性讨论逐渐回归。事实上，情感传播相对迅速，而理性讨论因论证过程长，且有知识壁垒，传播速度慢。所以，在群体极化前期，情感导向为主的观点快速极化，而群体极化后，理性讨论逐渐在舆论场中传播开来，降低群体极化造成的社会情感淤积，形成理性共识。

集中向发散转换。舆论场中热点事件层出不穷，公众的关注点快速集中，也会被其他热点事件快速分散，完成社会情绪从集中到发散的转变。新媒体让公共话语以娱乐的形式呈现，肤浅、碎片化，是一种文化的体现。这种特性也让集中的社会情绪得到纾解，更加发散。

（三）群体极化与情绪纾解对策

1. 主流媒体及时准确回应

在重大公共安全事件发生后，公众的关注点被主流媒体在社会化媒体平台上迅速、客观地回应，大大缓解了网络群体极化，让负面情绪得到纾解。同时，也要警惕"舆情反转"，在保证及时报道的同时，保证"信源"的可靠性和遣词造句的严谨性，防止某些"标题党"夸大事实引发危机。

2. 社会化媒体平台营造有温度的空间

社会化媒体平台在重大公共安全事件发生期间成为遭受困扰的人的发声之处，无论是使用社会化媒体表达本身，还是其他用户的互动、安慰，都有助于缓解负面情绪。

同时，社会化媒体平台的智能推送使"选择性信息接触"被放大，导致用户始终处于信息茧房之中。同类信息的反复接触不仅带来疲劳，还会放大负面情绪，导致极端化。通过差异化的内容推送让不同类型的新闻、其他形式内容展现在用户面前，能够降低负面情绪积累，消解群体极化。

五、社会化媒体的发展趋势

（一）信息的针对性增强

当今时代，更加强调个性化、智能化，它将改变互联网用户查找信息的方式，到那个时候，每个人都能看到的同样一个模式的综合化的门户将不复存在。在这样的环境下，用户需要的信息会更加聚合，相关的服务也会更有针对性。

（二）社交关系趋于小众化，成员间的黏性更强

随着群组、好友列表以及小众网络逐渐受到欢迎，社交网络也将越来越"排外"，并非所有人都能够加入其他用户新建的关注列表中。信息的海量聚集，人们没有时间和精力浏览过多无用的内容，而更乐于通过建立与现实生活联系更紧密的圈子来筛选有用的信息。微博用户活跃程度的下降、微信的迅速发展就是一个有力的例证。

第三章　新媒体的受众

新媒体是在新的数字技术、互联网技术、移动通信技术下的双向传播、用户创造内容的新形式。新媒体下的受众既是信息的接受者，又是信息的传播者。其广泛的参与度和接受度决定了受众与新媒体之间千丝万缕的关系。本章主要探讨了新媒体的受众。

第一节　受众概述

一、受众的定义

受众是传播学的一个概念，作为传播媒介信息的接收者，受众是新闻传播活动的终端。在其发展历程中，可以看到，受众在传播过程中处于不可或缺的地位。受众的概念已经被很多的学者提起以及使用，甚至已经约定俗成。

受众，又称信息的受传者、收受者。在大众传播领域，受众指的是大众传播媒介信息的接受者，其中主要指三大新闻媒介，即报纸的读者、广播的听众和电视的观众。

处于整个传播活动终端的受众对于传播的内容、信息具有一定的被动性，但这并不是说受众在传播过程中就是完全被动的。作为信息传播的客体，受众是传播活动中产品的消费者，它既是传播活动的起点，又是传播活动的终端，同时还是传播效果的检验者以及传播工作的监督者。受众对传播内容、传播方式、传播形态的选择，以及对于一些传播信息的意见等，这些都会对传播主体产生一定的影响力。可以说，在新闻传播活动的各个环节，受众都在或明或暗、或强或弱地起着各种制约作用。尤其是在网络媒介出现以后，网络的交互功能使得受众可以毫无拘束地发表自己的意见、要求和愿望，直接参与各种新闻信息和思想观点的传播。他们既是信息的接收者，又是信息的传播者。传播者和受众二者角色在传播过程中互为主体与客体，互相影响，这就使得受众的作用日益显著，地位也更为主动。

"受众是新闻信息传播流程中的终端，是新闻媒介及其承载信息的消费者，又是对于新闻媒介、新闻信息和新闻传播者本身的检验人。受众是新闻传播系统中的一个复杂的子系统，他们是新闻信息的受传者又是反馈信息的发布者。如果他们把自己所收受的信息进行加工制作之后再次转传于他人，他们则成了下一级传播（通过人际传播或大众传播）的起始者。总之，受众是新闻传播活动中的积极能动的行为主体。"① 受众的信息反馈是我们进行新闻传播活动的一个重要标准和参考，对于传播者和传播活动来说都至关重要。因此，及时地了解受众的意见和需求，能够使新闻传播活动更加有序地进行。

二、受众的分类

1. 按介入传播的方式区分：现场受众、非现场受众

现场受众是指主持人在即兴口语表达过程中直接面对的交流对象，如访谈中的对话嘉宾和现场观众。非现场受众是指主持人即兴口语表达借由广播电视传播而抵达的观看节目的人群。相比较而言，现场受众的交流更接近于人际传播或公共传播，而与非现场受众的交流则更具大众传播的特点。

2. 按介入传播的主动性区分：积极受众、消极受众

积极受众是指在传播过程中关心节目内容，与节目的传播内容、传播目的、传播方式契合度较高，与主持人形成深度心理互动的受众。积极受众一般是节目的忠实受众，与节目形成较稳定的约会关系。消极受众则指在随机收看（听）或伴随收看（听）过程中接触到主持人即兴口语表达的内容，对于内容并没有形成深刻的心理印象，也没有深层互动意愿的受众。

3. 按对传播内容的熟悉程度区分：专业受众、一般受众

专业受众是指对于即兴口语表达话题所涉及的领域比较熟悉的受众。他们具备相关的知识基础以及较高的思考水平，对传播内容具有独到的判断能力。一般受众则指对于即兴口语表达所涉及的话题领域并不熟悉，不具有相关的知识基础的受众。相比较而言，专业受众被"唤醒"的敏感度更好，容易介入话题，但是对于传播内容的逻辑和深刻性要求较高。一般受众不易介入话题，需要主持人做更多的介绍和铺垫，但是被说服的门槛相对较低。

4. 按对传播关系的忠诚度区分：基本受众、潜在受众

基本受众与主持人之间通常存在着高信任度和高期待值的关系，传播关系稳定。潜在受众则与主持人之间可能形成了收视（听）关系，也可能尚未形

---

① 童兵. 理论新闻传播学导论［M］. 北京：中国人民大学出版社，2000：142.

成稳定的收视（听）关系，信任度和期待值都不确定，传播关系还需发展。

三、受众的一般特征

（一）受众的广泛性

受众主要指传播信息的接收者，这主要是表达了"受"的特点，同时，受众还有"众"的特征。受众，从其包含的范围来说，可以说是极具广泛性的，不论是其接收范围、地域分布以及成员组合等，可谓是无所不包，具有广泛性。

受众存在的形式是广泛的，随着技术的更新，报纸、广播、电视以及网络的快速发展，现在新闻传媒几乎已经渗透到人们的普通生活中，凡是有社会交往能力的社会成员，无论有着什么样的身份、角色、背景等，都在新闻传播受众的范围内，都是新闻媒介现实或潜在的受众群，这一受众群遍布于社会各个角落，因而是十分广泛的。

受众的广泛性还表现在，随着技术的发展，新闻传播过程中的受众在接收信息时超越了地域的限制，能够在第一时间内获得不同国家、不同省市地区的信息，受众能够接触更广范围内的新闻。麦克卢汉关于"地球村"的概念，指出电子媒介以接近于实时的传播速度和强烈的现场感、目击感把遥远的世界拉得很近，人与人之间的感觉距离大大缩小，于是人类在更大的范围内重新部落化，整个世界变成了一个新的"地球村"。由于地理范围的广泛和信息系统的庞大，处于"地球村"当中的受众的范围就必然广泛。由此可以看出，新闻受众已极具广泛性，几乎囊括了社会中所有的人。受众接受信息的广泛性，已经囊括几乎所有媒介传达的信息。

（二）受众的差异性

受众由于社会地位、社会阶层、文化背景、个人喜好等方面的区别，对信息的需求有所不同，在选择新闻传播媒介、新闻传播形式和新闻传播内容方面就必然存在差异。受众是社会的人，因此，受众对媒介、信息的需求是要以其自身的特征，如身份、贫富、文化教育程度、价值观等而定的。受众在社会中既是一个独立的个体，有自己独立的思维，又是社会中某个阶层、某个群体的成员，这也就造成了他们在选择新闻时的多样性。社会资源与财富等的分布不均，人们在社会中的地位出现了种种差异，或是经济地位的差异，或是政治地位的差异。处在不同的经济地位以及政治地位的受众，在信息需求等方面也是有重大差异的，这种差异必然导致其需求发生改变。因此，新闻媒介要了解受众的这种差异性，因人而异，重视其反馈行为，了解其不同的动机和需求，从而更好地进行新闻传播活动。

（三）受众的非组织性

受众是由报纸读者、广播听众、电视观众以及其他一些受众形式组成的群体，他们广泛地活跃在社会各个阶层、各个角落之中，并不属于特定的团体，是一种非组织的形式。组织是正式的、有联系的管理系统的群体，有组织的群体一般为了增强组织内部的凝聚力会制定一系列的规范、制度。而受众作为群体，是非组织的，相互之间并没有直接的交流和协作，也没有特定的规范和制度来约束其受众行为。

（四）受众的主动性

受众本身是变化的，不论是受众对媒介产品的需求还是受众的某些心理特征，都在随着时代的改变而改变。受众是在不断地成长的，在这个过程中，受众对于信息种类、内容的需求也会相应地发生改变，受众对于媒介产品的选择同样也会发生变化。

随着技术的发展，受众已经脱离了完全被动的局面，不再消极地接收信息，而是积极主动地寻求自己需要的信息，对自己感兴趣的信息会进行关注与投入，具有主动性。"使用与满足"理论便是立足于受众根据自己的需要来接触媒介这一行为而提出的。越来越多的事实表明，受众接触媒介、选择信息的盲目性已经开始减少，受众的选择性越来越强，选择的信息也越来越具体。此外，受众也是能动的，从自身利益出发，当传播的信息与自身利益相关或是涉及自己兴趣时，一些受众就会积极主动地争取自己的权益，尤其是网络技术的盛行，使得受众开始能够主动地发表自己对某事件的看法，发挥自己作为受众应有权力的效用。

四、受众的需要

（一）信息的需要

信息需要是受众接触大众媒介的最基本需要，在受众的需要系统中，信息需要占据主导地位。信息有三个特征：第一，它总是与现实或历史中的事实、现象相关，通过一定的方式（新闻、资料、档案、数据、图像、观点等）表现出来。第二，它只有处在交流中才具有信息的意义，因而需要被相关的接受者接受，无人承认的信息不是信息。第三，信息的功效与传播的时效成正比，失效的信息不再是信息。人要生存与发展，就需要了解自己生存的环境，从而消除对环境认识的不确定性。在不断消除这种不确定性的过程中，人对环境的主动性才可以逐步确立，才有可能适应并改善环境。人类在维持最基本的生存活动中，也是通过了解自然界的各种信息来实现的，如"神农尝百草之滋味，水泉之甘苦，令民知所避就"是指我们的祖先神农氏是通过亲身品尝的方法来了解百草与水的信息，以使百姓知道哪些可吃哪些不宜食用。而消除认识的不确定性，不仅体现在生产活动之中，在人类的社会交往活动中同样非常重要。从与人交往前的观察，到初步交往时的试探，再到熟悉时的互相了解，是获取了他人越来越多的信息的结果。

现代社会，随着生产的发展、科技的进步以及交往的扩大，人类认识自然和社会的广度和深度大大提高。信息源不论是从范围、种类或是从提供的内容来看，都有了极大的扩展和丰富。与此同时，人类对信息的需求也有了越来越高的要求。

要求获取的信息更多、更有用，要求信息的获取更为快捷、方便。人类对信息的需求与客观信息源的发展相互作用，相互促进，使整个社会呈现出"信息爆炸"的态势。"信息社会"已成为现代社会的一个重要特征。

人们获取信息主要有两种基本的方式：一是亲身获取。即亲身参与、经历信息发生的现场，通过自身的感知直接获得信息。这是一种直接获取信息的方式。二是通过中介获取。即本人并未参与或经历信息发生的现场，所获得的信息是由其他人或媒介所转达的。这种信息是经过加工的，是一种间接的信息获取方式。由于人们亲身经历的有限性，我们获取的大部分信息都是通过第二种方式获得的。这种间接的渠道来源主要是他人和媒介。大众媒介凭借其报道面广、受众覆盖面广、远距离快速传输信息等特点，成为人们感知世界的重要信息源。

（二）社会化的需要

社会化是指个体在成长过程中，通过与社会的交互作用，了解社会规则和约束，学习和内化社会规范及文化，逐步完成由"自然人"向"社会人"转变的过程。从很多学者的研究来看，大众传媒对个体，特别是发育初期的个体的社会行为和态度的塑造有着重要的影响，它是影响人社会化的重要因素之一。

从个体社会生活基本需要的角度来看，人的社会化主要包括：一是学习基本的生存常识，这些常识包括人的衣食住行等各个方面，并且与特定的文化模式相联系；二是内化社会的行为规范，通过角色扮演个体将外在的行为规范内化为自身的价值观；三是掌握劳动技能，这要在个人具备一定的体力基础和知识水平的前提下进行。

社会化的过程贯穿于人的一生。人到青年，经过多年的学习，学到了一些基本知识、技能和规范，在社会化的道路上跨出了一大步，初步取得了社会成员的资格。但这并不意味人的社会化过程已经完成。进入中年甚至老年，依然存在继续社会化的问题。因为社会是不断发展的，新的知识、技能和规范不断出现，要跟上社会的发展，不被社会所淘汰，必须继续社会化的过程。当社会发生剧变时，原有的知识、技能规范往往会遇到极大的挑战，新的知识、技能和规范迅速并大量涌现，在此情况下，继续社会化的需要显得尤为迫切。

人的社会化是通过人与人的交往来实现的。人的交往有两种基本形式：一是直接交往，即是面对面的自然心理接触；二是间接交往，即借助于书面语言、大众传媒、技术设备所进行的心理接触。受众通过大众传媒满足社会化需要主要通过以下途径来实现：（1）通过大众传媒获得消息、知识和技能；（2）通过大众传媒获得判断的标准；（3）通过大众传媒学习和扮演社会角色。

（三）调节生活的需要

单调的生活让人感到乏味而缺少激情，因此，每一个人的生活都需要丰富多彩。随着媒介技术的发展，越来越多元化的信息为了满足受众多样的需要而呈现。其中，媒介通过传播令人愉悦的信息，使受众及时宣泄自己平时工作、生活中的压力，及时地转移自己的注意力，调节心情，积聚能量。这不仅对受众身体健康有较大的好处，对社会的安定来说也具有重大的意义。

第二节　新媒体受众的特点

一、受众接收信息方式的特点

（一）从纸质载体接收信息到数字化接收信息

20世纪以来，伴随着物质财富的增加和科学技术的发展，尤其是新媒体的出现，深刻地改变了受众的接收信息方式和接收信息习惯，人们从传统的纸质接收信息逐渐过渡到网络化接收信息模式。网络化接收信息是指用电脑、手机、电子书等电子设备通过网络的连接，在网上直接接收信息，与纸质接收信息形式截然不同。

网络的普及和新媒体的出现，推动了网络化接收信息的快速发展，网络化接收信息依靠其庞大的网络搜索引擎和丰富的信息资源，让读者真切地体会到方便快捷，可随时随地搜索到自己想要了解的知识与信息。网络接收信息因其费用低、速度快、形式新等特点，在改变原始接收信息方式的同时，也给读者带来了更加自由、更加多样化、个性化的选择。在追求个性、自由的新媒体时代，网络接收信息因其迎合读者接收信息兴趣的优势，使纸质接收信息渐渐被受众忽视。

（二）从深度接收信息到浅度接收信息

新媒体环境下的"读图时代"，图片不再是文本的配图或插画、漫画，而是起着帮助人们理解文字内容的作用。"读图时代"中的图片是与文本内容密切相关的，如果图片与文字关系过于密切，那么，有时缺少了一张图片就有可能导致无法理解接收信息内容。图片从单一的图像变成图像与文字的结合，其图片中也会出现文字，甚至有些文字摆在一起可以看成是一张美观的图片，这就是新媒体环境下"读图时代"的新内涵与新趋势。

1. 读图接收信息内容清晰有条理，一目了然

"读图时代"之所以快速到来，一方面依赖于科学技术的飞速发展，另一方面则是由于现代人生活节奏日益加快、各种压力不断加重而导致，身心疲惫的人们缺少空余时间去接收大段的文字信息。在现代社会，单纯的文字让人失去接收信息的兴趣，而图片通过其生动形象等特点，激发受众接收信息的欲望。当社会经济发展到一定程度时，生活节奏不断加快，较少的空闲时间迫使我们更倾向于读图，通过图片传递内容，条理清晰、一目了然，受众既了解了信息内容，又节约了时间成本，使读图成为一种风尚，进而推动了"读图时代"的发展。

2. 读图接收信息易形成浅显化，限制读者理解力与想象力的发挥

"读图时代"的到来使图片可以浅显易懂地描述信息内容，简化文字接收信息的难度，减少深度思考的文字空间，让广大受众能够积极参与到信息的接收中，使接收信息呈现浅度接收信息化的发展趋势，从而缺少了接收信息的真正乐趣。

接收文字信息的乐趣就在于让读者在品味文字的同时，大脑也会产生思考，进入自己的想象空间。随着"读图时代"的到来，当文字变成图像时，一切都发生了变化。图片因其生动直观的画面、强烈的感染力使读者身临其中，但同时又由于受到画面冲击力的影响，在一定程度上阻碍了读者的理解与

想象力的发挥。当想象力被制约，受众接收信息的能力将会不断下降，受众就更不愿意接收枯燥乏味的文字信息。长此以往，受众就会丧失对接收文字信息的深度思考，更不利于受众文学素养的提升。

（三）从个体被动接收信息到个体互动式接收信息

接收信息原本是一种社会行为，但传统的纸媒接收信息仅仅是受众对信息发布者思想被动接受的过程。随着互联网的发展和新媒体形式的出现，使信息的发布与传播方式发生了很大改变。受众在接收信息中不再只是被动地接收信息发布者的信息，还可以通过互联网等新媒体与信息发布者积极互动，发表自己的感想和看法，提出意见与建议。随着新媒体技术的发展，接收信息过程中的这种交流互动也会更加便捷。

1. 互动接收信息增加了读者接收信息的兴趣，参与接收信息的主动性更强

互动式接收信息相对于传统的单一纸质接收信息模式而言，更强调了人与人之间的交流互动，以实现用户之间资源交换的分享。受众摆脱了枯燥乏味的单向接收信息方式，受众与信息发布者的互动交流不但可以增加受众接收信息的兴趣，更能激发受众的学习力和创造力，促进知识的交流、利用，以实现知识价值的无限放大。

2. 互动接收信息"意见领袖"责任大

新媒体的出现与发展让我们生活的环境中充斥着大量而庞杂的信息，在快节奏的生活压力下，我们已无力一一品读每条信息，辨别其内容的真伪。此时，承担两级传播重要角色的"意见领袖"就应发挥其在特定领域的个人影响力，为大众梳理和过滤海量信息，从中挑选出有新闻价值的重大事件、热点关注等信息内容传播给大众，形成两级传播。这就需要"意见领袖"严格筛选信息，不推荐与主流文化背道而驰的内容，让受众接收的信息充盈满满的正能量。因此，"意见领袖"在新媒体环境下的作用不容小觑。

（四）从大众接收信息到功利性接收信息

功利性接收信息长期存在于我们的社会中，随着新媒体的普及，为功利性接收信息提供了更加便利的条件，使功利性接收信息的方式占据了受众接收信息生活的大部分内容与时间。

1. 功利性接收信息选择性强，接收信息效率高

不可否认，在快节奏的今天，功利性接收信息不失为大众接收信息的一种有效形式，是帮助人们走向成功的重要手段。当受众需要在有限的时间内获取相应的知识时，功利性接收信息的确会帮助人们快速掌握知识与技能。功利性

接收信息选择性强，有很强的针对性，在新媒体环境下更可以方便快捷地利用智能手机或接入互联网的电脑随时随地找寻相关知识与书籍并进行信息接收，以求在短时间内达到预期的目标与效果。这不仅节省了人们的大量时间，还提高了接收信息效率，提升了收集、整理、筛选、判断以及评价和利用信息的能力，有利于培养更多的专业技术人才。

2. 功利性接收信息目的性强，接收信息片面

接收信息功利化的一个重要表现就是接收信息的目的性非常明确，功利性接收信息的指向是特定的阶段性目标，不是人的终身学习与发展，是外在于人的长远发展需要的。因此，这种接收信息类型无法实现现代学习型社会所要求的"活到老学到老"的发展要求，这样接收的信息也不是人的内在的、自觉的需求，对个人的长远和可持续发展都是不利的。

功利性接收信息的另一个显著特点就是目标的单一性和接收信息内容的片面性。新媒体的出现简化了受众查找信息或书籍的时间与精力，精准的快速查找和强大的搜索引擎系统让功利性接收信息更加方便与快捷。在网络中接收信息的单一性和片面性可能会造成人们知识掌握不全面、知识结构不系统、缺少经典文学作品熏陶、文学素养缺失、片面追求眼前利益而忽视长远利益等不良影响。接收信息本身带给人们的应该是快乐的接收信息体验，在功利性接收信息的影响下，人们只知道片面追求眼前利益而忽略接收信息本身的乐趣，使今后的终身学习与发展都存在着较多隐患。因此，我们要高度警惕功利性接收信息带来的负面影响，做新媒体时代接收信息的主人。

二、受众的心理特点

（一）个人意识的表达

传统媒体受众对于媒介信息缺少选择权，处于信息被动接受状态，缺失即时的反馈途径，信息呈单向传播。新媒体更看重信息传播的自媒体化，更注重个人在信息传播中的作用。受众在新媒体环境中角色的转变，使其呈现出不同于传统媒体受众的鲜明特质，他们有着强烈的表达内心感受的愿望，不愿压抑自己的欲望和情感，他们更看重新媒体平台上那些能带给他们愉悦感的互动，在那里他们能够轻松地表达即时的心理情感。

正是基于这样一个开放、平等、民主的新媒体平台，受众的个人意识逐渐被唤醒并获得迄今为止最大程度的表达满足。受众可以对新闻事件做出个人化的解读与评论，亦可以通过新媒体发布自己掌握的信息并实现共享。新媒体受众通过自媒体化的平台表达个人态度、发出个人声音，逐渐成为受众参与互动

和发布信息的传播常态。

（二）自我展示的满足

人在社会交往中总希望给他人一个积极的印象，处于新媒体时代，其实现方式就是利用新媒体的传播特质进行更充分的自我展示。

在微博、微信等新的社交媒体上，每个用户都希望通过该平台展现自我，实现个人的价值确认。无论是在微信朋友圈分享一张做饭的照片，还是在微博发表一条自己对某事件的评论，其背后都蕴含着深层次的心理动机，即表现自己的生活态度，建立美好的个人形象。事实上，新媒体的社会化功能的确使受众自我展示的心理得到最大程度的满足，自我价值也得到更大程度的认可。

（三）浮躁心理的加剧

自互联网媒体具备超文本链接技术以来，受众有了选择快速浏览的自由，时常是还未来得及将完整的信息阅读完毕就选择退出或者跳转到其他页面。跳跃式浏览方式及浅尝辄止的阅读体验，催生了新媒体时代受众接受信息的浮躁心理。

微博与微信等应用的加入，受众的阅读方式进一步呈现出碎片化的状态，140个字的短信息，以图代文的言说方式，加速了读图时代的到来。平板电脑和智能手机等移动设备的不断升级与发展，新媒体时代的受众更是进入多屏时代。于是，我们经常会经历这样的场景：在电脑端观看一场球赛的同时，使用智能手机在社交平台参与话题讨论；又或者，一面端坐在电视机前观看"春晚"，一面不时地在社交网站上大肆吐槽。这种信息接收方式与阅读的伴随状态暴露了新媒体受众日益加剧的浮躁心理。

三、受众注意力特点

（一）分散性

分散性，主要表现为两个方面：受众自身注意力在时代背景与注意力自身特点的双重影响下，呈现出易分散性；或由于注意力投射物——媒体，其不断更新和变化所导致的受众注意力的分散性。前者更侧重受众自身内部原因，而后者更侧重媒体等外部的影响因素。

1. 注意力分散性内部成因分析

随着经济的高速发展和高等教育的普及，数字技术、网络技术与智能手机也在不断更新，在媒介种类和媒介内容日益多样化的推动下，受众进行信息选择的空间被不断扩展，他们可在任何时间、地点用任何设备选取任何信息。

快餐文化、碎片式阅读以及知识焦虑等时代文化影响下，受众的"不随意注意"活动增加，注意的引起与维持不是依靠意志的努力，而是取决于刺激物本身的性质。在这种注意活动中，人的积极性水平较低。受众注意力很难长时间集中于一点，碎片化成为人们接收信息的主要方式。因此受众自身注意力时间在不断缩短。

2. 注意力分散性外部成因分析

无限的内容供应与有限的注意力资源之间不断尖锐的矛盾，是注意力最主要的矛盾。在受众贡献注意力初期（这个时期是指受众没有明确的注意力目标），受众往往处于前注意阶段，这时，某些不受意识控制的、自动化的信息加工就已开始。在前注意状态下，人们只能对事物的个别特征进行初步加工。这个过程中，媒体必须抓住一切机会，让受众选择它，使受众进入注意状态中的"不随意注意"。引起不随意注意，刺激物本身很重要，其新异性、强度、运动变化等都是关键因素。然而，起决定作用的往往不是刺激的绝对强度，而是相对强度，即刺激物与周围物体强度的对比。因此刺激信息源就要具有足够吸引力，在受众将其与周围刺激信息进行对比中，夺得胜利。如精心制作的标题、导语等。

（二）阶段性

阶段性，是受众在数字媒体初期、中期至今，不同阶段所呈现出的不同特点。

1. 数字媒体初期受众注意力特点分析

数字媒体初期，受众注意力具有一定自主性，他们正在脱离"受众"这一传统称谓所赋予的特性：收听者、消费者、接受者、目标对象，转而成为信息的搜寻者、浏览者、反馈者、对话者、创造者等。这一时期，传统媒体正进行"＋互联网"浅层融合，自媒体还未像现在这样成为舆论引导主力军，受众面对初步发展起来的信息场，还能自主筛选和判断。

2. 数字媒体初期向中期过渡阶段受众注意力特点分析

在数字媒体初期向中期过渡阶段，受众注意力呈现出不由自主性的特点。重要原因之一：淘宝、抖音等 App 的算法推荐技术。算法推荐通过追踪用户的网络行为，运用一些数字算法计算出个人特征、环境特征等相关信息，进而精准用户画像，实现个性传播。在这项技术的加持下，一些平台强有力收割了受众宝贵的注意力，获得了巨大的数据红利。受众开始不自知地陷入信息孤岛，"沉默的螺旋"效应也开始加剧。

3. 数字媒体中期阶段受众注意力特点分析

数字媒体中期，信息窄化、"信息茧房"及大数据的负面影响使受众呈现出对信息推送的"叛逆性"，其具体表现为仇视新闻信息媒体以及"沉默的螺旋"效应进一步加重，网络舆论场进一步失真，等等。

4. 数字媒体中期至今受众注意力特点分析

数字媒体中期发展至今，受众注意力发生了新变化，大数据技术已十分成熟，对于基于大数据的媒体来说，受众注意力却变得更加复杂，表现出一定的"欺骗性"。

（三）部落化

网络社区与各种社群的出现，使大众媒介不再以整体的形式存在，而是分裂为成千上万个小的文化部落。① 这些文化部落，是以某些共同的兴趣爱好，相似的生活经历或是能够基本达成一致的价值观为基础而形成的。如一个 App 的用户群就是一个部落，部落有大有小，其文化特质以及构成人群复杂多样。

1. 受众注意力部落化的原因分析

依据部落的牢固程度，有长期部落和短期部落之分。长期部落是被固定在某一媒体平台的核心受众，他们对于这个媒体拥有较高忠诚度。短期部落，较典型的是集中于热点事件之下的受众，这种部落随着热点事件冷却而消失，虽然存在时间较短，但其在短时间内形成巨大的注意力市场，对媒体构成了极大诱惑力。而这样的影响范围较广的热点事件同时也将从属于不同文化部落的受众集中，从而形成"大规模的平行文化"部落。

2. 大规模重叠文化的影响

短期部落的形成与韦伯斯特提出的"大规模重叠文化"类似，在这种文化中，人们在各种文化和内容间自由流动，因关注公共议题而形成更大的公众群体，个性与共性，独立与集中，相辅相成，相得益彰。大规模的重叠文化有可能产生乌合之众和意见领袖两种受众情态。但现今，我们无法低估的那股强大的"沉默的螺旋"的力量，他们正在被恶劣的舆论环境所唤醒，而这将有助于将舆论场的方向推向正常的轨道。②

① 国秋华，钟婷婷. 移动互联时代受众注意力的漂移、捕获与重构［J］. 中国广播电视学刊，2019（1）.

② 王瑞琪. 新媒体时代受众注意力特点分析［J］. 新媒体研究，2019（8）.

第三节　新媒体受众的变化

一、受众地位的变化

（一）受众地位变化的具体表现

1. 由被动到主动

新媒体时代，受众不再是单向地、被动地接收来自大众传媒的信息，而是有选择地选择媒介、信息。

2. 由传者中心到受者中心

传统媒体时代，媒体根据新闻工作的规律以及媒介的立场和原则来选择材料、写作信息，主要考虑的是输出的问题。新媒体时代，传统媒体不再是单独享有媒介话语权，在"人人都有麦克风"的时代，为了获取良好的传播效果争取更多的"粉丝"，媒体不得不考虑受众接受的问题。从新闻选题、版面编排、新闻话语的使用，媒体必须考虑受众。一些传统媒体在新媒体平台上也是跟风、卖萌迎合受众，从话语表达到表情包的使用都更加的接地气。从一些媒体的新闻标题就能看出，为了吸引受众的主题往往采取悬念式的标题和网络流行语，以期获得更高的阅读量、点击量。

3. 由信息的接受者到传播者

UGC，即用户生成内容，泛指以任何形式在网络上发表的由用户创作的文字、图片、音频、视频等内容，是 Web2.0 环境下的网络信息资源创作与组织的模式。新媒体时代，"人人都有麦克风"，受众不再单是信息的阅读者、接受者，更是信息的生产者，用户将自己生产的内容上传于网络，与其他用户共享。用户不再仅仅是信息的接受者，拥有了传播者的新身份。很多重要的社会新闻都是先由用户发布到网络上去，引起一定的关注之后，传统媒体再进行跟进。

（二）受众地位呈现变化的原因

1. 技术赋权

尼古拉斯·尼葛洛庞帝曾预言："数字化生存天然具有赋权的本质，这一特质将引发积极的社会变迁。"① 回顾媒介发展史，我们可以看到传播技术的每一次变革都带来了传播方式的改变，对人们的生产方式和生活方式、思想观念产生了巨大的变化。技术的发展使得信息的发布权不再单单属于传统媒体，传统媒体时代的受众在新媒体时代也拥有了麦克风。技术赋权使得受众的地位发生了根本转变，由信息的接受者变为信息的生产和消费者。进入新媒体时代，普通人只要拥有一部智能手机或者一台电脑，就可以随时随地在网络上发布信息，从信息的接受者变成信息的生产者。微博、微信、知乎等社交网络向公众的免费开放，技术的发展极大降低了信息发布的难度，操作简单、门槛低的新媒体更是极大地提升了用户的参与热情。

2. 市场化需求

20世纪90年代我国开始进行经济体制改革，由计划经济向市场经济转变。我国新闻事业开始实行"事业性质、企业管理"的双轨运行模式，新闻事业开始要面向市场，自负盈亏，不再由政府统一拨款。市场化运作后，传媒为了争取受众，赢得受众的关注，开始在新闻选题、报道方式、报道风格上转变，改变过去严肃的说教式的写作风格，采取受众喜闻乐见的形式。受众地位的提升与传媒自身的利益需求是分不开的，新闻业为了自身的发展不得不开始考虑，不得不争取更多的受众。在市场化环境下，受众成为影响传媒发展的关键因素。谁拥有受众谁才能拥有市场，才能在竞争中获胜。这种为了自身发展和追求经济利益的需求使得传媒不得不改变以前的受众观，由"传者中心"向"受者中心"转变。

3. 受众主体意识的觉醒

随着社会生产方式的改变、经济的发展、科学技术的进步、教育的普及，受众的思想文化素质不断提升。受众不再满足于以往大众传媒灌输式的新闻报道，而是有自己很强的自主意识与选择意识。新媒体时代的到来，受众在各种网络文化的影响下，结构权威、消解主流意识，倾向于使用与传统媒体相对的泛娱乐化的表达方式，追求个性化。受众主体意识在网络上表现得淋漓尽致，新媒体时代的受众已经不再是传统意义上仅作为信息接收者的受众，而是兼具信息接收者与传播者的双重身份。②

---

① [美] 尼古拉斯·尼葛洛庞帝. 数字化生存 [M]. 胡泳，范海燕，译. 海口：海南出版社，1997：8.

② 刘方方. 论新媒体时代受众地位的变化 [J]. 今传媒，2019（1）.

二、受众行为的变化

（一）阅读习惯持续发生深刻变化

互联网、智能手机、各种移动终端的持续渗透改变了人们的阅读习惯。方寸屏幕的碎片信息填充了人们的碎片化时间，实现了随时随地"阅读方寸之间"，碎片化阅读越发凸显。此外，阅读场景也发生了很大的变化，床上和餐厅等的比例最大。从阅读内容上来看，优质原创的干货内容愈发受欢迎；算法推荐机制支持下内容的精准推送，更是满足了用户的各种阅读喜好，使用户一读不可收拾。从阅读内容形式上来看，携带丰富信息的短视频成为主流，如备受人们欢迎的抖音短视频、火山小视频等。另外，新流行的 VR 支持下的在线新闻直播也赚足了人们的眼球。

（二）互动评论成为新常态

借助微信朋友圈和微博记录个人日常、表达情绪，越来越成为人们每天生活的标配，微信、微博吸引的"重度用户"爆棚，正成为人们存在的一种方式。极具人气的点赞、转发、评论在满足受众表达欲望的同时，评论区良性互动循环已经形成。在用户阅读新闻过程中，新闻评论和用户的互动内容有着巨大的关注量，超过 70% 的人经常会有意识地浏览评论内容，参与评论或浏览评论已成为一种习惯。

（三）为内容付费成为新风尚

除了流行已久的网络购物、在线支付、移动支付外，目前付费看视频、付费听音乐、付费学知识的新风尚逐渐形成。知乎 live、爱奇艺、喜马拉雅、分答等 App 线上内容付费时代已经到来。同时，还有大量的潜在用户有着愿意为线上内容付费的倾向。

第四节　新媒体受众与媒介的互动关系

一、媒介与受众的交互关系

交互关系是媒介与受众的基本关系，即无论传播内容存在何种差异，都必须经过交互行为，才能实现有效的传播。以电视广播作为媒介，受众需要观看电视节目，才能了解传播内容。寻求提升交互关系在传媒活动中的有效性，可借助两个关键手段，即市场调查和可交互性的提升。如各地网络媒体企业，市场调查可采取责任制度和周期分析相结合的办法，在企业内设立专门的市场分析部门，该部门人员实时通过互联网进行热点捕捉，了解民众当前关心的热点问题，利用可能最大程度发挥热点优势的媒介开展传媒活动。假定民众较为关心娱乐新闻，可利用网页作为媒介，尝试进行传媒活动。

可交互性的提升，是指在进行传媒工作时，革除传统模式下交互性不足的弊端，以更具交互价值的方法，实现与受众的互动，提升交互体验。如现代电视媒体普遍尝试应用公众号与观众进行后台互动，观众可以将观看电视节目时的感受、对互动话题的想法实时发送至电视节目栏目组的微信后台，之后由栏目组选取其中一部分，交给主持人，实现实时交互。这一方式具有良好的可行性，能够直接提升传媒作业的有效性。

二、媒介与受众的扩展关系

扩展关系，是媒介与受众关系的一种延伸化体现，是指媒介在进行传媒工作时，目标受众之外的受众群体也受到传播信息的影响，这种影响通常包括两种途径，一是直接途径，二是间接途径。直接途径如某企业进行化妆品宣传，媒介为电视广告，目标受众为中青年女性，但因电视广告不可能自主选取观众，除中青年女性外，其他受众群体也了解了化妆品信息，媒介受众的关系实现了扩展。间接途径是指以目标受众为中间媒介，进行的扩展传播，如受众 A 将广告信息告知给受众 B，即属于一种典型的间接扩展。

对扩展关系进行强化，主要方式为用户群体的维护。无论何种媒介、何种传媒信息，都必然存在定向传播的基本特点，需要维护的，即定向传播下的目标受众。比如在化妆品广告中，必须抓住中青年女性关注的核心点，将"保持皮肤洁净、控油"等作为核心，利用可视化的媒介使目标受众能够始终保持对传媒信息和媒介的关注度，保证媒介和受众关系的维持。

三、媒介与受众的约束关系

媒介与受众的约束关系，是指媒介在进行传媒的过程中，即便尝试了多种渠道、强化了可扩展性，其受众依然不可能无限扩大，主要的目标群体依然是定向传媒下的受众，这一关系与经济学中的"二八定律"带有内在的一致性。假定某食品企业进行宣传，其主要业务为批发，那么目标市场内的各级商场必然是核心受众，从数目上看可能仅占客户总数的 20%，但买进商品的额度可能达到食品企业总销量的 80%，这一定律在传媒活动中同样存在。

在此背景下，尝试优化媒介与受众的约束关系，可将约束行为的边界作为重点。依然以食品企业为例，尝试扩大业务面，提升经济效益，需进行约束边界的分析。食品企业媒介与受众的约束边界多为宣传渠道，企业不重视面向用户直接进行销售，因此该渠道是封闭的。可以在资金条件允许的情况下，扩大宣传范围，选取电视、新媒体等更具范围化效应的平台，打破常规媒介受众较少、较集中的约束框架，提升传媒工作的实际效果。

第四章　新媒体与营销

时代变迁，营销环境也随之改变，新媒体营销应运而生。新媒体营销作为一种新的营销形式，为率先采用的商家带来了可观的收益。然而，随着更多的商家逐步采用新媒体营销，新媒体营销应用于更宽广的领域，其在广泛应用中也暴露出一些问题，在一定程度上制约了新媒体营销的持续发展，如何解决新媒体营销运作中的问题，帮助新媒体营销更好地抓住机会应对问题，使新媒体营销能够获得健康、长远的发展，值得深入探索。本章主要对新媒体与营销进行了阐述。

第一节　认识新媒体营销

一、新媒体营销的内涵

所谓新媒体营销，简单来说，就是企业通过新媒体渠道所开展的营销活动。具体而言，新媒体营销则指的是信息化、网络化、电子化环境下开展的一种营销活动。①

二、新媒体营销的特点

（一）目标客户精准定向

新媒体涵盖丰富多彩和多样化的内容，微信、微博、博客、论坛等使每个人都可以成为信息发布者，浩如烟海的信息中涉及生活、学习、工作等的讨论都展现了前所未有的广度和深度。通过对社交平台大量数据的分析，企业可以

---

① 郭义祥，李寒佳. 新媒体营销［M］. 北京：北京理工大学出版社，2022：10.

利用新媒体有效地挖掘用户需求，为产品设计开发提供很好的市场依据。

（二）与用户的距离拉近

相对于传统媒体只能被动接收信息而言，在新媒体传播的过程中，接收者可以利用现代先进的网络通信技术进行各种形式的互动，使传播方式发生了根本性的变化。移动网络及移动设备的普及，使信息实时及跨越时空的传播成为可能。因此，新媒体营销实现了随时随地进行信息传播，营销效率大大提高。

（三）企业宣传成本降低

新媒体改变了传统媒体信息传播的形态，由一点对多点变为多点对多点，并且新媒体形态多样，很多平台免费对大众开放，信息发布、共享、传播和创造均只需要较低的成本，为企业提供了一个良好的营销平台。

（四）营销方式碎片化

随着新媒体终端逐渐向手机移动端转移，人们的阅读方式越来越碎片化，用一个电视广告就产生一个新品牌的时代已经过去。传统营销思维下，需要传递的无非是企业的品牌形象、战略动向、新闻动态、产品评析、消费者故事等。而碎片化的新媒体环境下，营销讲的不再仅是文案，而是创意，是随时随地的热点借势；讲的不再是媒体关系，而是眼球效应。

三、新媒体营销的渠道

（一）搜索引擎

搜索引擎并没有失去价值，甚至永远不会失去价值。用户通过文字、语音、拍照等方式在各大网站平台进行搜索即可获取想要的信息资源。因此基于搜索引擎的营销推广应运而生。

（二）微信

微信是目前非常流行的手机 App，它是全球用户基数最大、活跃度最高的即时通讯社交软件之一，其功能拓展丰富，开放度较高，使其在营销方面具备非常大的潜能。

（三）微博

微博具有及时性、传播快的特点，用户能各抒己见，灵活互动。很多新闻媒体将微博当作第二传播平台，微博信息流式的广告能够产生很好的传播效果，迅速传播给大众。

（五）短视频

随着快手、抖音等短视频 App 的迅速崛起，短视频已成为新媒体营销中的一匹黑马。用户和电商企业通过在视频里植入商品内容或插入商品链接进行营销。刷到视频的用户点击链接后可直接跳转到购物网站进行购买，十分便捷。电商企业也可以通过付费来进行推广和宣传，这类视频通常会直接标注为广告视频。

（六）其他社交媒体平台

社交媒体如陌陌、小红书、美拍等，都是用户过亿的平台。这一类平台用户更精准影响力虽不如微信和微博，但传播价值相当可观。这类平台需要电商企业推荐的商品符合用户画像特性，如小红书用户主要是年轻群体，其中又以女性用户居多，那么商家的消费主力一定要以女性用户为主。

第二节　基于新媒体时代的微博营销与微信营销

一、微博营销

（一）微博营销的概念

微博，即微型博客（Micro-blog）的简称，是一种通过关注机制分享简短实时信息的广播式社交网络平台，微博主要基于用户关系进行信息的分享、传播及获取。相对于博客而言，微博更注重时效性和随意性，能表达出人们每时每刻的思想和最新动态。

所谓的微博营销是指通过微博平台为商家、个人等创造价值而执行的一种营销方式，也是指商家或个人通过微博平台发现并满足用户的各类需求的商业行为方式。相对于其他营销模式而言，微博营销更加注重价值的传递、内容的互动、系统的布局、准确的定位。[①]

---

① 马莉婷. 网络营销理论与实践（第 2 版）［M］. 北京：北京理工大学出版社，2022：180.

（二）微博营销的特点

1. 即时性强：信息高速飞驰

如果你有一件惊天大事要宣布，召开新闻发布会似乎是不二之选，不过要是把这个消息放在微博上，立刻就能引来大批关注，马上会有记者发现并报道。一条关注度较高的微博发出后，短时间内就能被转发至微博的每一个角落，这种高速传播恐怕任何媒体都难以做到。

2. 传播力强：网状扩散

微博简单方便的操作流程让用户随时随地都能发布信息，基本不受周围环境的影响。而微博的传播方式犹如原子核裂变一般，由一个人传给一群人，传播威力可想而知。微博营销的交流方式看似随意，其实用户渗透率更高，传播影响力也更大，这样产生的潜移默化的影响效果要比直白的广告攻势更好。

3. 精准度高：直击市场最前线

网店可以关注潜在消费力的微博用户，观察他们感兴趣的活动和话题。同时，网店在微博上保持活跃，也能引来对产品感兴趣的用户的关注。这两部分人都是网店最直接的目标顾客，与他们在线沟通就可以直接接触到市场第一线，无论是搜集市场反馈，还是品牌传播，面对的都是更加精准的消费群体。

4. 亲和度高：微博是你的笑脸

微博上的交流最好是有趣、生活化的。通过片段式、随机性的发言，不仅可以进行各种网店宣传，也可以对社会热点发表看法、提供售后服务等，尽可能为用户提供帮助，使用户感觉良好。微博营销某种程度上淡化了网店的商业形象，而是以倾听者的姿态亲近消费者，为彼此搭建了一种可信任的关系。

（三）微博营销的策略

1. 定位策略

定位是进行微博营销的第一步。只有做好定位才能根据目标群体的特性帮助企业更好地运用微博进行营销，达到宣传企业产品、树立品牌形象、进行危机管理、发掘潜在用户的目的。可通过制造一系列的热点话题，围绕本企业的产品或品牌的特性来制定适合目标群体的营销策略。

第一，需要确定微博的定位，做好内容、话题的营销主线。微博是当前企业开展社会化营销活动常用的手段之一。平台具有极强的开放性与互动性，因此成为有利于企业发布新闻公告、开展公关活动的载体。然而，当前新媒体竞争日益激烈，尤其微信对微博的冲击最大，不少企业转移营销阵地，忽视了微博所具有的强大扩张力，放弃了微博运营，这是不正确的。与微信相比，微博是一个更加开放的平台，相比微信的私密传播，微博的曝光率更高，其传播速度更快、辐射范围更广。微博更加具有媒体属性，更适合企业做品牌推广、维护公共关系，维护用户关系。微信用户偏向于移动端，而微博兼顾电脑端和移动端，企业微博的电脑端是企业的微官网，更适合成为展示企业形象的平台。微博顺应互联网潮流，从策略创意、媒介应用、技术支持、效果转化等多个角度开拓移动营销新路径，为企业找到绝佳的品牌营销解决方案提供借鉴与指导，其营销价值正随着移动热潮渐入佳境。

第二，整合营销工具，有效联动其他平台。微博是企业营销的一个重要工具，企业的微博不应是一个单独的个体，而必须和其他渠道协同合作创造更高的价值，所以更应该与企业整体的营销渠道进行配合，形成互利互补关系，达到最佳的营销效果。微博作为新兴媒体，与报纸、广播、电视等传统媒体有着一定的区别。传统媒体更具权威性，而新媒体的门槛低、互动性强，更加具有即时性，并拥有更丰富的媒体形式。热门综艺节目无不在节目播放期间引导微博互动，增加节目曝光率。微博是良好的内容营销、话题营销的平台，可引起亿级讨论量，同时达到助长节目收视率的目的。把微博作为企业整合营销中的重要一环，通过微博进行多渠道建设和整合的方式可为企业营销增添巨大价值。不仅其他平台可以导流量到微博，企业的微博也可以作为导流量的工具，链接起其他平台渠道，将流量导到其他平台，如官网、微信、淘宝和其他购物平台等，切实发挥营销矩阵的作用。

2. 内容策略

首先，内容营销是基于双向沟通的，而不是企业单方面的。企业需要抓住用户的心理，制定有针对性的营销策略。企业必须考虑用户喜欢什么，想要什么，什么能激起用户的兴趣，什么能影响用户关注品牌，从而设计出与品牌有贴近性的营销活动，吸引用户产生真实的互动，通过有内容、有意思、有深度的营销活动与用户建立起情感联系。人们虽然排斥广告，但都喜欢听故事，企业可以通过有趣、有用、有沟通或者有个性的方式将企业的理念、创意以故事的形式来表达，与用户形成情感共鸣。

其次，微博的语言风格要统一，紧跟潮流热点。企业在官微上的行为就像一个生动的人，通过微博的文字、图片、视频向粉丝传达着有情感的信息，其中语言具有很强的穿透力，透过文字可以展现出文字背后的人的形象与气质。所以作为一个企业官微的运营者，应该给自身定位一个拟人化形象，做一个个性让人喜欢的人，在语言风格上选择适宜形象的风格形式，最大限度地受到企业广大受众的喜爱。当然不是说一个品牌不能有多个人格，但必须是不冲突且相辅相成的。从定位的形象出发，在内容建设的过程中可从不同角度进行形象刻画。

最后，内容形式需要不断创新。微博的内容最为关键，但形式也起到重要的作用，所以微博也在不断开发不同的内容展现形式，如微博视频、头条文章、支持换行、直播、投票、字数取消 140 字限制等，满足了不同阶段的用户新需求，让微博变得更加生动有趣。事实上，微博已成为一个消息集散地，且有着不可撼动的地位。技术的日新月异，为数字营销带来新的创意表现形式，新技术和好内容的融合，不仅会给受众带来眼前一亮的惊喜感，也让内容营销变得更有质感，并充满体验感。借助社交媒体进行营销活动是当前的主流趋势，其所取得的效果远好于传统营销活动。

3. 情感营销策略

微博情感营销策略是指企业运用消费者普遍认可、信赖的人际传播优势，通过在微博平台上对目标用户进行情感分析、定位、互动等策略，挖掘、调动客户的情感需求，最终满足消费者诉求，实现营销目标。

社会化媒体是建立在一定的人际关系链之上的，微博也具有基于人际关系的社会化传播特征，它的关注链条就是建立在相识人群、信任人群或有共同价值观人群之间的。一条微博借助转发、评论等手段可在这些具有特定联系的社交群体中广泛传播，包含在其内容中的情感因素也会随之扩散，这契合了企业进行情感营销的平台要求。

企业进行微博情感营销时，首先需要进行情感定位，确定微博情感营销主题及内容。要做到这一点，需要分析大量的消费者信息，确定目标消费者并对其需求进行准确分析，只有这样，确定的情感营销主题才能为企业吸引更多目标消费者，也更容易使其成为忠实消费者。其次，情感营销的微博内容需形成一个有独特人格个性的虚拟情感形象，文字力求亲切自然，贴近消费者。只有满足消费者情感需求的人性化营销，才会使其产生信任感。最后，企业要利用微博强大的互动特性与消费者建立长期的情感联系。通过及时回复消费者的疑问、解决产品问题等积极行为，使消费者逐步产生对企业的信任与情感，在潜移默化中形成长效营销。

二、微信营销

（一）微信营销的内涵

微信是腾讯公司于 2011 年所推出的一种新的社交软件，该软件作为一种即时聊天工具，能够提供文字、语音、图片以及视频传播服务，该软件不仅能够供用户之间交流变得更加方便，同时也能够在微信平台搜索感兴趣的信息，因为这些优势，微信软件自从推出到如今就收获了很多的用户，同时也获得了一致好评。基于微信的广大用户群，微信营销是将微信同营销理念结合思想，利用互联网的力量，同时也是基于微信的广大忠实用户量，所形成的一种网络营销方式。通过微信平台，用户可以通过微信搜索自己所需要的各种感兴趣的信息，各大商家也可以根据用户的搜索情况推出有针对性的产品。由于网络的便捷性，用户能够快速获得信息。

（二）微信营销的特点

1. 针对性

微信营销具有针对性的特点。微信营销的方式之一是企业可以通过建立微信公众号，同时这些公众号一般都具有各自的特色主题，例如饮食、休闲、家居等主题，通过微信公众号，商家可以根据各自所经营的产品来在微信公众号上传播自己的产品牌信息，用户也可以通过微信搜索找出自己的所需要和想要知道的信息，这样可以缩短用户和商家之间相互查找的时间，可以实现产品供求之间的关系。

2. 准确推送性

微信公众号能够对信息进行推送，在移动终端和位置上面，信息可以被准确地推送到所需的用户的微信客户端上，商家通过这样的方式进行针对性地推送信息，加强与用户的联系，让用户对公司的产品有更好的认可度和好感，对公司产品的销售具有非常好的作用。因此，微信提供了一个商家和用户沟通的平台，通过微信营销，能够增加用户的准确性。

3. 营销便利性

微信的接收端是依靠用户的手机等移动设备接受，具有很强的移动性特点，用户可以随时随地通过手机对微信上的信息进行接受，查看其关注的公众号的公司的产品信息，这样用户能够很快获得商家发布的相关信息，这样也能给商家提供更多的机遇，提高微信营销的效率。

4. 互动性强

微信作为一种社交软件，能够实现用户零距离互动的特点。在微信公众平台，用户可以在上面直接与商家进行联系互动，商家可以通过微信公众号向用户提供信息，用户就接收到的信息，可以对感兴趣的产品直接跟商家进行联系，这样能够提高商家和用户之间沟通的速度。商家通过同用户的直接沟通，可以从中发现用户比较感兴趣的地方，然后通过不断的改进自己的产品，让自己的产品更加符合用户的需求，提高营销的效果。

（三）新媒体时代微信营销存在的问题

1. 企业微信营销平台在营销模式上还存在严重不足，导致盈利上还有所欠缺

目前，许多微信营销平台仍然沿用的是传统网页论坛式的营销模式，然而传统平台在盈利模式上还非常不足。当前，微信平台吸引客户群的主要方式是免费营销，然而想要把这些潜在的消费者真正变成消费者，企业还需要对微信营销平台的功能进一步改善。微信平台在营销特点上非常新，不能完全沿用传统的方式，否则将可能会造成聚集起来的消费群体流失，而想要留住这些消费群体，就应从营销平台的功能上下功夫。但问题的症结在于，微信平台没有提供便利的支付通道给潜在的消费者们，只提供了单一的支付方式，进而造成消费者中途放弃支付。

2. 在开发 O2O 市场中，企业的微信营销平台面临着许多障碍

O2O 市场在微信线下商机和聚集相关应用人中具有十分重要的意义，能够将微信平台中潜在的盈利转变成真实的盈利。在二维码扫描技术的支持下，可以使线下企业商品和微信联系在一起，而信息安全和网络覆盖等问题成为二维码技术发展的障碍，在 O2O 市场中不利于广泛应用。虽然对腾讯公司来说，客户市场营销能力较大，但在分部线下商业网点上还有所欠缺。潜藏的消费者们没办法在微信平台上快速购买，而相关营销人员又缺乏使消费者们的消费思想变成消费行为，因此消费者们在线下商店中购买的意愿与热情就大大降低。①

（四）新媒体时代微信营销的策略

1. 微信营销平台运作策略

一是在初步认识目标客户群体时，应将及时发布微信信息和增强互动性作为企业微信平台营销的重点，定时定期地将感知度较高的微信信息推送给目标户群体，以此来吸引目标客户的注意力。为了使企业微信账号的市场号召力和响应力快速提高，企业可以适当地使用病毒式营销策略等，但需要注意的是营销信息的推送不能过度频繁，否则很可能会适得其反，引起目标客户群体的反感心理。在推广信息的过程中，必须严格遵守相关法律法规，应有的道德操守和社会责任感绝不能丢失，在信息的制作上不能过于杂乱繁多，要遵循精美的原则。此外，为了使线下目标客户群体能够方便快捷地登录企业微信，可以提

---

① 吕金秋. 新媒体时代微信营销策略 [J]. 合作经济与科技，2018（24）.

供登录二维码给这些目标客户群，还可以以优惠登录的方式来吸引和鼓励客户参与企业微信登录；二是处在与客户巩固认识时，应该将有针对性地推送微信信息作为这个时期的营销重点，以使推动给客户的微信信息具有较高的服务含金量，从而起到认知巩固的作用。在传统营销模式中，企业没办法及时掌握客户的反馈信息，导致企业没办法及时地改善营销和产品。而在微信营销模式下，可以实现精准的一对一传播，企业利用微信营销时，应该充分发挥出微信产品一对一交流的优势，从而开发出互动性极高的营销模式。主要体现为企业和客户之间通过即时交流构建紧密的关系，用客户喜爱的方式拉近距离，进而逐步使客户达成消费新意向。

2. 微信营销模式设计策略

一是可以设计事件营销模式。通过微信平台营销就应该把握住当下的新闻热点，切入点就应该找准目标客户所关注的热点兴趣，使客户对企业产品和服务的感知度被激发，从而对企业的产品和服务留下好印象，同时企业的美誉度和知名度也会大大提高，最终达到预期的营销目标。具体地说，可以以明星事件为营销设计对策，利用客户对明星的信任度来促使客户以同样的信任度信任企业的产品和服务，借助明星效应使企业的知名度大大提升，从而使企业产品或服务的收益增值。此外，利用体育事件营销也是一个不错的选择，通过冠名赞助来提升企业的品牌形象，从而收获更多的潜藏客户群体；二是设计生活化的营销对策。此对策要求将客户的审美和生活价值态度作为营销的重点，将具有相同审美和生活价值态度的客户群体聚集在一起，微信平台再激励群体中的个体相互分享生活中的故事，以此来达到相互熟知的目的，最终形成紧密联系的客户信息交互关系。需要注意的是，企业人工客服应该实现人与人之间的即时沟通，在沟通的过程中要及时有效地回复客户的疑问，从而增加客户对企业的好感。

3. 微信营销客户服务策略

一是加强整理与收集客户信息，企业营销相关部门必须高度重视这一工作。在目标客户群体已经确定的前提下，企业营销者应该更多地发布目标客户群体感兴趣的信息，从而使目标客户群体对公众号的关注度大大提高。在整理和编排信息时，可以按照信息的时间顺序，也可以按照信息的具体内容，使信息的发布方式和时间能够符合目标客户群体的喜好等特点，从而使客户的反馈效率得到有效增加。对目标客户群体反馈信息的处理要做到及时高效，并从中找出符合企业营销主题的信息，从而使信息的回馈更加有针对性，与客户之间的互动性更强。微信营销者，对客户反馈的信息应做到及时整理归类，使其系统化，以便日后查找和使用；二是要定期调研目标客户群体的满意度。诱发目标客户群体信任危机的原因多种多样，微信营销者不应该随意揣测目标客户群体的感受，而是应该以深度调研的结果为基础，扎实科学地找出客户信任危机的真正影响因素，但需要注意的是务必要以客观、真实、准确的调研为前提，这样采取的应对策略才是有效的。

4. 口碑营销策略

在新媒体时代，口碑对一个企业的影响力是足以致命的，企业一旦出现负面新闻，其传播速度是非常之快的，而且很难控制。口碑营销是微信营销中非常重要的一种策略，微信用户在朋友圈或者在公众号评论里对产品做出的评价直接影响着其他用户的购买行为。比起企业自己做的广告和营销内容，用户更愿意相信其他人做出的评价。微信营销是开放的，它为用户提供了广阔的表达平台，而且这是企业微信后台运营者无法控制的。

5. 采用图片、视频营销模式

在微信的营销环境下，企业应该多采用图片、视频等方式把产品给展现出来，这样会显得更加生动和形象。企业及营销公司应制作做出满足大众个性化需求的文案。一个产品的特性可以通过图片和视频很好地展现出来，能更好地把产品的信息传达给用户，通过给用户带来好的视觉效果，吸引用户的眼光，可以使广大用户对这个产品记忆更加深刻，从而激发消费者消费的兴趣。

6. 朋友圈营销策略

在微信中，朋友圈比其他的社交软件更加的可靠，很多人都会因为熟人的推荐而选择购买商家的产品。由于产品的质量好或者是因为商家的优惠活动，购买过的人会向朋友推荐这个产品。这类型的营销模式在微信营销中是比较重要的，也是比较常见的一种模式。近年来，朋友圈营销模式取得了很大的发展，现在很多微商都在朋友圈推销商品，还不定时地举办优惠活动，吸引用户的注意。在消费类商品中，面膜、洗面奶、护肤品等是最为常见的营销的产品。很多产品的牌子能够被广大群众所熟知，是因为微商在朋友圈经常发布信息。

第三节　基于新媒体时代的社群营销

一、社群营销的内涵

在"社群经济"的经济环境下所产生的社群营销就是企业或者组织利用

虚拟社群、兴趣社区连接用户，通过沟通和互动实现用户价值、通过产品或服务满足用户需求而产生的商业形态，主要通过用户裂变效应和口碑传播效应来达到营销目的。首先，社群成员需要具有"需求聚集"和"协同购买"的特点，社群成员可以借助社交平台与其他成员之间对购物信息、购物体验等方面进行深度交流，在互动沟通中转变成为某种产品的推荐者，而企业通过社群运营进行产品推广营销，以实现口碑效应。其次，社群营销仍然脱离不了营销的本质，即"产品或服务要满足消费者的需求"。

社群营销与社群经济在移动互联网时代的"井喷式"发展标志着社群在营销领域的重要地位。互联网时代早期的营销更多的是将媒介平台作为着眼点，结合大数据算法实现对广告或品牌的精准投放，但所谓的"精准"也在很大程度上存在偏差。社交媒体时期的传统品牌社群理论在新媒体大背景下发生了变异，以此为理念产生的品牌社群与产品社群依靠各种端口型媒介平台产生，给营销提供了新的思路。网络社群通过内容吸引并筛查用户，筛选下来的用户具有相似的认同体系，以及对社群内容的忠诚度。以此为基础搭建的社群通过体系的搭建和社群维护继续产出优质内容，形成良性发展，一旦这一内容产生循环，社群管理团队、社群成员、企业及消费者各方都可以根据自身需求和资源展开多种形式的合作。

未来品牌社群将会作为市场营销中维系用户感情的高效手段，情感性是社群经济较于传统经济的先天优势，情感连接是社群营销的基础。企业通过产品或品牌吸引并筛选强针对性用户，通过社群日常营销构建品牌共同愿景，实现用户在社群场景中的沉淀，达到从"用户"到"品牌社群成员"身份认同的转变，进而实现品牌营销及商业变现。从品牌角度讲，社群营销的认同感在一定程度上弱化了客户关系管理的功利性，使用户以"社群成员"的方式认同甚至参与品牌传播与维护。

二、社群营销的特点

（一）多向互动性

社群营销通过社群成员之间的互动交流，也包括信息和数据的平等互换，使每一个成员成为信息的发起者，同时也成为信息的传播者和分享者。正是这种多向的互动为企业营销创造了良好的机会。

（二）去中心化

社群营销是一种扁平化网状结构，人们可以一对多、多对多地实现互动，进行传播，并不是只有一个组织人或一个富有话语权的人才能传播，而是每个人都能说，这使传播主体由单一走向多重，由集中走向分散，是一个去中心化的过程。

社群构建的"去中心化"原则，本质上指的是社群内容和信息不再是由专人或者特定人群所规划生产，而是由社群中的全体成员共同参与、共同创造。也就是说，社群的"去中心化"主要表现在内容和信息上，同为了让社群成员更加积极参与、更顺畅沟通的管理和维护是没有冲突的。所以，一个社群在构建过程中，必须建立完善的管理和维护制度。

（三）呈现碎片化

社群的资源性和多样性特点，使社群在定位上也呈现出多样化、信息发布方式松散的特点，这就意味着社群在产品设计、内容、服务上呈现碎片化的趋势。虽然碎片化会使社群缺乏统一性，为企业的社群营销带来很多不确定因素，但只要企业善于挖掘、整理就能从中挖掘出社群的价值。

三、社群营销的方式

（一）从产品入手

无论是工业时代，还是当前的互联网时代，产品始终是企业营销的核心，企业做社群营销的关键依然是产品，企业需要一个有创意、有卖点的产品来满足社群成员及群外潜在用户的需求，这里所提到的产品并不单指企业要卖的有形产品，还包括企业为社群成员所提供的无形服务。

（二）从口碑宣传入手

企业有了好的产品，就得通过创造好的内容来进行有效的传播。在这个互联网大爆炸的时代，朋友之间的口碑传播就像一条锁链一样，彼此间信任感较强，也比较容易扩散，且能量巨大。可以为社群拟定"宣传口号"，还可以编写企业品牌或企业创始人的"宣传故事"，以此来传递社群的价值观，引起社群群友及其他读者的情感共鸣。[①]

（三）注重多方合作活动

社群营销的开展方式是多种多样的。就拿小米来说，它选择的方式是将一

---

① 郭义祥，李寒佳. 新媒体营销［M］. 北京：北京理工大学出版社，2022：102.

群"发烧友"聚集起来，共同开发小米系统，并且共同参与研发高性价比的手机。这种方式吸引了一些原本不是"米粉"（小米的粉丝）的消费者来购买小米手机。可见，企业在开展社群营销方面还是要多花点心思，这样才能达到良好的社群营销效果。常见的社群营销开展方式有以下几种。

①组建相应的社群，做好线上交流与线下的各类活动。

②与目标社群进行合作，支持和赞助社群活动，鼓励社群成员积极参与。

③与社群中的意见领袖用合作的方式来传播企业的品牌价值与文化。

④建立相应的社群数据库，帮助企业实现精准营销。

第四节　基于新媒体时代的粉丝运营

一、与粉丝互动

与粉丝互动是提升新媒体活跃度的重要手段。粉丝越活跃，传播力和影响力才会大，展示给其他新媒体用户查看的机会才会越多。在媒体上与粉丝保持互动的方式主要有4种，分别是评论、转发、私信和提醒。

（1）评论。评论是指直接在原微博/微信下方发表看法或观点，可以供所有人查看。粉丝可以在微博内容下方发表自己的评论；微博博主则可以对时间早、内容精彩或有趣的粉丝评论进行点赞、回复，拉近与粉丝的距离，提高粉丝的积极性。

（2）转发。转发是指将他人的微博/微信信息转发至自己的微博/微信上。粉丝可以通过转发将自己喜欢的内容展示在平台中；新媒体运营方也可以通过转发将粉丝评论的内容展示在自己的平台中。

（3）私信。私信是一种一对一的交流方式，讨论内容仅讨论双方可以查看。

（4）提醒。新媒体运营方可以通过如微博昵称等方式，提醒用户关注某信息，可以对较有趣的提醒内容进行点赞、评论、转发，甚至私信。

除了新媒体运营方与粉丝互动之外，还可以引导粉丝之间的互动，如微博账号"微博搞笑排行榜"就经常通过性别互换、游戏等方式，引导粉丝进行互动。引导粉丝之间互动可以调动粉丝的积极性，保持粉丝的活跃度，但由于粉丝之间脾气、性格等各不相同，在发表看法时很容易发生争执，影响媒体运营的氛围，此时运营方不能直接介入争执，一旦对粉丝情绪处理不当，会造成粉丝流失。

二、粉丝维护的注意事项

新媒体粉丝的维护，需要积累大量的人数，保持这些粉丝的忠诚度。因此，在维护粉丝时，应注意以下4个方面的问题。

（1）帮助粉丝解决问题。为粉丝提供切实的帮助是提升粉丝忠诚度的重要方式。这需要持续的投入，把粉丝当朋友，持续地进行互动，赢得粉丝的信任和好感。

（2）处理粉丝问题要及时。面对粉丝的问题要及时做出回答，这样就容易获得进一步交流与互动的机会，这种交流和互动也是提升粉丝忠诚度的方法。

（3）注意积累精准粉丝。赠送礼品吸引的粉丝不容易长久，可以通过关键词搜索和外部平台引流等方式有效地控制粉丝的精准性。

（4）建立粉丝数据库。建议建立粉丝数据库，内容包括粉丝的昵称、地址、爱好、行为习惯和购物特征等信息，为信息的主动传播做好准备。

第五节　基于新媒体时代的短视频营销

一、短视频营销的内涵与特点

（一）短视频营销的内涵

短视频是一段结合了声音、图像和场景的视频内容，总长度在15~60秒。短视频能在短时间内引起人们的注意，满足公众零散性娱乐的需求。与此同时，连续不断地进行精准内容投放，激发人们对短视频的兴趣。短视频以时间短、完整性强、信息传输快等优势，细分需求市场，精准对位，让受众有的放矢地消磨时间，转换焦虑，释放情绪，使之成为一种全新的休闲娱乐方式。短视频是一种新的视频格式，其长度以分钟和秒计算，主要依靠智能手机终端完成快速拍摄和编辑，并实时上传和分发到社交媒体。短视频具有很强的交互性和社会性，能够满足用户消费和娱乐的零散需求。[①]

---

① 刘子楠，马云. 新媒体时代短视频营销的发展现状及应用策略［J］. 西部广播电视，2020（7）.

随着社交视频应用的快速发展，短视频正从一个简单的信息载体转变为一种非常流行的在线销售和交流方式。短视频营销是指企业利用短视频作为分销载体，将产品信息传递给现有和潜在的消费者，影响公众的感知、态度和行为，最终达到营销目的的营销渠道，实现对消费者的转化。在传统媒体时代，广告和营销主要围绕着信息到达的程度和重复的程度来增加公众的记忆和提高品牌的知名度。① 而在新媒体时代，短视频营销可以纵向深入地覆盖产品与消费者的联系节点，促进消费转化。通过短视频平台，企业可以整合互联网的海量数据，满足用户的观看需求，精准地推送用户喜欢观看的短视频内容，将产品向消费者进行病毒式传播，进而提高转化效率。

（二）短视频营销的特点

短视频营销之所以能够绕开用户屏蔽，成为用户群体喜闻乐见的营销方式，主要基于以下几个主要特点：

1. 移动客户端传播方式

在移动互联网技术和智能终端技术的加持下，手机版 App 操作界面极为简单，点赞、转发、评价、打赏等功能一应俱全。

2. 内容生产简易化

短视频应用软件的功能不断优化，创作模式"零门槛"，生产成本大幅降低，内容生产简易化。在创作之初，不少素人网红本身不具备视频拍摄、剪辑基础，但应用 App 的视频编辑功能，指尖轻轻滑动就能轻松实现分镜头录制，植入缩放、AR、裂变等特效变得得心应手。移动短视频用户与内容创作者的距离越来越近。普通百姓得以随地随心使用应用软件的拍摄、制作功能发布自己的作品。只要勤加练习，大量接地气的视频也可以达到专业设备的水准。传统意义上的受众也可以参与到创作过程中，从而产生多层次的体验感。内容生产简易化使得用户生产内容成为主流，丰富了短视频创作的内容。

3. 碎片化传播

几秒到几分钟时长的短视频使得录制与观看都更为便捷，能够填补人们的碎片化时间，适应现代人的快节奏信息阅览方式。内容上，短视频长于激活价值链的长尾部分，随时捕捉，随手一拍的小视频更能够贴近日常生活。利用碎片化时间，短视频营销就变成了过程间断化、效果持续化营销，实现了营销效果最大化。

---

① 钟紫音."短视频+"的营销模式及策略研究［D］.南昌：江西师范大学，2020.

4. 分享社交化

具备高日常贴合度和高生活关联性的视频内容还容易引发粉丝效应，在粉丝的自发分享过程中积累潜在消费群体。目前，以抖音、快手为代表的移动短视频 App 基本都支持微信、QQ 等社交软件账号一键登录，为以转发、分享为主的视频社交提供便捷。各行业营销主体得以通过短视频的社交分享，增加曝光度，在多次传播中实现流量价值。

二、新媒体时代短视频营销存在的问题

（一）视频内容有低俗化趋势

随着视频内容生产的不断丰富，内容产业呈现出越来越多的问题。其中最常见的问题之一就是低俗化内容。这些内容的出现显然受到了视频行业内容饱和的影响，以及短视频商业利益的推动。因为短视频生产出来后，其关注者的数量决定了其内容的价值，相应也决定了该条内容的商业价值。因此，越来越多的短视频创业者和内容生产者将注意力放在内容的"博眼球"上。如果能够生产出更多优质的内容，这显然是好的，因为这样能够推动市场的良性竞争，催生更多的优质内容。但是，为了争夺更多的受众，为了实现商业利益的最大化，内容生产者将注意力放在了受众的弱点上。受众都有同样的弱点，那就是对于消耗更少脑力的视频内容，以及容易引起强烈情绪反应的内容产生兴趣，甚至产生依赖。但是，这样的内容并不能够对受众产生有益的影响，有些为了博得受众关注，甚至制作出一些低俗的内容。长此以往，为了获得更多的商业价值，短视频生产者势必会趋之若鹜，制作出更多刻意迎合受众喜好的低质量视频内容，这种竞争模式将会逐渐突破底线，给短视频内容业态造成不良影响。

（二）用户黏性有待提升

虽然从目前的情况来看，短视频用户人数比较乐观。然而，与现有的情况和短视频低质量内容的生产趋势相比，很难确保用户的黏度。由于视频内容不仅包括短视频，还包括其他类型的视频，如电影、微电影、网络剧等。如果视频位于传统的大型视频平台上，资金充足，受众更广泛。由于会员制的实行，通过登记将用户与个人长期使用的身份信息（如电话号码）联系起来，再加上他们的浏览需求，使这一部分客户对这些传统视频平台更感兴趣。然而，相比之下，由于短视频平台进入市场的时间较晚，并且大多数的注册方式都是以微博微信登录，所以用户的账户的更换频率很快，也有可能在一个账户被放弃

后开通另一个账户，或者可能不再返回平台。加上以短视频内容的形式出现低端发展和低质量的趋势，进一步加剧了这一问题，导致未来用户的黏性出现负面变化。

（三）法律法规尚不完善

网络的迅速发展催生内容产业的诞生和发展。短视频行业的发展也是基于这样的技术成功获得受众的青睐，成为内容行业的新宠，商业领域的重要代言人。但是，受到资本和商业价值的推动，短视频在争夺受众数量的过程中开始逐渐压缩成本，同时针对用户弱点，制作一些低质低俗的内容，产生不良影响。基于此，应当建立相应的法律法规予以约束，使内容行业更加规范，内容生产更加适应社会发展。但是，由于互联网发展迅速，短视频行业成长较快，法律的制定又需要足够的时间来论证，这就使得在有些内容行业涉及的区域没有成文的法律条款作为约束，使得短视频内容的低质低俗现象得不到有效遏制。①

三、新媒体时代短视频营销的策略

（一）定位精准，内容为王

企业的短视频营销与个人短视频是完全不一样的，企业的短视频主要是为了扩大其品牌知名度、产品的曝光度，为企业品牌、产品宣传造势，从而促进销量。所以在进行短视频制作时，首先要精准定位，分析品牌及产品的卖点；然后明确内容，结合自身的品牌特征，制作符合企业价值观、企业文化的优质视频。不能在网上跟风，什么火就拍什么，传递不了有价值的信息，就背离了企业短视频营销的初衷，久而久之就容易丢失客户。

（二）构建完善的短视频营销矩阵

积极完善短视频营销体系和矩阵，充分发挥微博、微信、抖音、QQ等新媒体平台的优势和作用，重视流量的引入，最大化提升短视频营销效果和质量。一方面，可以将微博、微信、线下营销等方式有机整合起来，并加强各种渠道之间有效互动，拓宽短视频营销渠道，吸引更多的用户流量加入短视频平台当中，实现对短视频的多渠道营销和推广。另一方面，在新媒体背景下，还可以创建不同新媒体短视频营销账号的方式，利用几个小号为一个大号积攒流

---

① 刘子楠，马云. 新媒体时代短视频营销的发展现状及应用策略［J］. 西部广播电视，2020（7）.

量，从而有效地提升短视频营销效果。在短视频营销过程中，充分挖掘和分析用户的可视化需求，提升短视频营销与用户之间的互动性，通过发布短视频热点话题、微信平台互推、微博话题功能互动等方式，吸引用户参与到短视频的互动和交流当中，有效增加短视频营销的流量和热度，提升短视频在新媒体平台的运营能力和曝光效果。此外，加强短视频营销制作团队的培养，加强对新媒体背景下短视频营销方式和对策的探索，有效提高相关人员短视频的运营能力。

（三）提升短视频营销的互动黏性

在新媒体背景下，粉丝及相关用户与短视频之间的互动需求增多。要提升短视频营销质量，还需要全面提高短视频营销的互动黏性，加强与用户、粉丝之间的积极互动与交流，形成短视频品牌效应，增强与粉丝互动的影响力。[①]一方面，短视频营销工作人员在相关短视频发布和推广后，可以开设与粉丝、用户互动的平台账号，也可以引导粉丝在评论区与营销人员进行积极的交流和互动，拉近与粉丝之间的距离，吸取和借鉴他们的建议，改进短视频营销效果。另一方面，在提升短视频营销互动黏性的过程中，还可以通过新媒体平台如今日头条、新浪微博、微信等的话题功能，与广大用户和读者进行交流，提升用户对短视频营销的参与感，帮助用户增强对所推品牌的信任感，提升短视频营销品牌的效应。此外，在新媒体发展过程中，为增加受众对短视频营销的黏性，还可以通过线上与线下相结合的方式，实现对短视频的有效传播和扩散，不断提高产品的认可度和曝光率。

---

① 谢晗. 自媒体视频广告营销的成功模式探讨——以"一条"视频为例 [J]. 现代营销（下旬刊），2018（6）.

第五章　新媒体与新闻传播

随着新媒体时代的来临，新闻传播模式发生了较大的转变，为了满足人们对新闻传播日益变化的需求，充分发挥新闻传播的舆论导向作用，新闻传播从业者必须改进新闻传播和机制创新模式。将新元素融入新闻传播，为新闻传播打造新平台，从而改变新闻传播模式。它通过修改不断发展的机制来促进行业的可持续性。本章主要对新媒体与新闻传播进行了分析。

第一节　新媒体时代新闻传播的方式与特征

一、新媒体时代新闻传播的方式

（一）人际传播方式

当今时代，微信、微博等是一种人际传播的平台。利用微信、微博这些平台可以实现网络实时聊天。聊天类型分为个人对个人、个人对多人与多人对多人。聊天者会围绕着新闻时事等热点话题进行实时的沟通交流，各自发表评价或观点。在网络聊天过程中，新闻传播局限于线上聊天，聊天者即时分享新闻时，可以快速转移聊天话题，传播速度也比较快，但传播范围不大。某个话题的发出者倘若得不到其他聊天者的回应，也会自动放弃这个话题。如果几个话题同时出现，而聊天者若想讨论得顺利就只能专注于其中的一个话题，同时舍弃其余的话题。尽管某个话题能激发聊天者的热情，而且引发了热烈的讨论，但是对于某个新闻事件的谈话仅限于屏幕上的快速流动，无法做到对其进行深入探讨和分析。随着屏幕上聊天话题的不断转移，聊天的信息一直处于滚动的状态，聊天的信息量比较庞大，所以聊天者不但容易忘记自己或者他人曾经说了什么，而且也没有时间和精力回忆聊天的内容。因此，在新闻传播过程中的聊天，很容易局限在浅层次或表面层次上，而且容易被人遗忘。

（二）大众传播方式

大众传播是另一种传播方式，大众传播中有一种是门户网站传播，它跟传统媒体新闻传播相类似，同时也具有自己的传播特点。目前视频网站已受到人们的追捧，网民不仅可以在上面观看电影、电视节目、电视剧，还可以上传自己拍摄的视频。

（三）分众传播方式

当前手机已成为人们生活中普遍使用的通信工具。随着多媒体技术的快速发展，手机中出现了很多的多媒体功能。手机通过使用 4G 或 5G 技术，可以运用多种多媒体功能，并且可以利用这些功能进行实时传播。随着手机用户的不断增加，手机媒体在人们生活中占据越来越重要的地位，因此手机媒体又被称为"第五媒体"。手机便于携带，其将报纸、电视、广播与互联网等媒体的特点融合在一起，且具有良好的互动性，因而用户可以在任何时间、任何地点发布信息。

二、新媒体时代新闻传播的特征

（一）新闻时效性增强

传统媒体在新闻信息采编和信息剪辑等环节耗费了较长的时间，导致推送给群众的新闻内容距离新闻事件发生已经过了一段时间，一定程度上影响了群众的新闻阅读积极性。而在新媒体工具和技术的帮助下，新闻工作者可以在第一时间将收集到的新闻信息进行加工整合，通过与群众互动及利用群众自媒体端发送数据等方式来对新闻内容进行优化编辑，继而快速推送给群众，有效提高了新闻的时效性。群众可以第一时间了解新闻事件的走向和新进展，在此基础上就新闻的深意和价值等作出判断，新闻价值也随之提高。

（二）新闻互动性增强

传统新闻传播过程中，群众只是通过观看报纸或收听广播的形式来了解国内外大事，这是一种单向的新闻传播方式，群众并不能就自己的观点和看法等与其他群众之间进行广泛的讨论，只能进行小范围的交流，群众不能对政策发表意见，这在一定程度上影响了公民权利的正常行使。而随着新媒体的发展，新闻推送一般会带有相应的评论区，同时也有专门的互动性平台来帮助群众表达自己的看法和建议，政府相关单位也推出了群众沟通网站等平台，群众可以在观看相应新闻之后，通过留言板等方式与其他群众进行互动，也可以在政府的意见专栏向政府提意见，可以推动某一话题在短时间内实现大范围的传播，有效增加了相应论点的话题度，同时也给了群众以参与沟通的渠道。① 随着群众可以表达意见的渠道越来越多，群众心中出现不良情绪的概率也会逐渐下降，可以推动各项事件以更加友好公开的方式解决，有利于形成良好的社会风气，推动社会进步。

（三）新闻传播全媒体化

新媒体背景下，网络技术不断发展，新闻传播也从传统的文字、图片、视频、音频，转向文字、图片、视频以及趣味性动画等多种方式组合输出，有效增强了新闻的可读性，对群众的感官也形成了更加强烈的刺激，有效吸引群众关注。同时，群众在观看新闻时不再单纯地依靠报纸和广播电视，开始利用自己的电脑和平板以及手机等移动终端，利用碎片化时间接收新闻信息，其新闻阅读随意性较以往明显增强，观看新闻和工作生活时间方面的冲突也明显减少，可以帮助群众了解更多的新闻。

（四）新闻传播全时性

新媒体的发展让群众成为新闻的创作者和传播者，人人都可以做个人特色的自媒体，这也加快了新闻的传播速度。群众在了解新闻信息之后，可以第一时间利用手机等工具拍摄新闻，并对其进行简单加工，然后发布到网上，可以收获更多群众反馈，新闻传播效率较以往明显加快。同时，新媒体背景下，群众的生活、工作节奏也在逐渐加快，而新闻媒体可以根据群众的生活节奏特点，利用群众早上通勤时间、中午休息时间和夜晚熬夜时间等向群众推送不同类型的新闻，帮助群众在了解新闻要点的同时，引导群众深层次阅读新闻全貌，了解新闻背后隐含的深意，可以灵活满足群众的新闻阅读需求，同时对群众的价值观和社会舆论等进行正确引导，推动全民文化素养的提升。

（五）新闻信息的海量性

在新媒体时代下，人人皆可成为新闻的传播者以及生产者，新闻传播门槛的降低，使得各种新闻内容的数量变得愈加庞大，加之各种社交媒体软件的运用，人们仅需一部手机便可随时随地接收到国内新闻信息，且新闻信息种类与

---

① 李莘，甘乘旭. 从中国日报全国两会 Vlog 看时政新闻传播方式的创新 [J]. 新媒体研究，2020，6（21）.

形式丰富多样。①

（六）新闻传播内容碎片化

在当今时代，人们的生活节奏越来越快，受众拥有的自主时间也被不断分割，呈现出碎片化的特点，这直接导致年轻人阅读习惯的改变，进而导致短视频新闻产品火速出圈。最近几年，短视频新闻产品大行其道，受到了年轻受众的热烈追捧。短视频新闻具有内容凝练、层次分明、结构简单的特点，新闻时长和篇幅较短，叙事直截了当，画面冲击力较强，创作节奏较快。新媒体时代下，媒体数量呈指数级裂变，新闻产品创作传播的速度必须要快，因此许多新闻产品的创作不会严格遵守传统的采编和传播流程，而受众习惯快阅读、浅阅读的特点使得新闻传播呈现出碎片化的特点。客观来说，这类新闻产品阅读便捷，发布迅速，时长较短，方便受众进行一次性阅读，满足了受众的新闻阅读体验，但这样的产品也存在深度不够、思想内涵欠缺等问题。如何兼顾新闻产品创作质量和产品碎片化特点，是广大媒体机构需要认真研究的问题。

（七）新闻传播趋于网络化

传统新闻传播的传播媒介是相对单一的，主要包括电视、报纸、广播等，基于传统媒介的新闻传播不仅受到时间与空间的限制，更是无法及时传达受众的诉求和建议，受众只能被动接收新闻信息，不能主动参与新闻内容的制作和传播，不能随时对新闻进行暂停、检索、放大，阅读体验也是处处受限。新媒体时代下，新闻产品的传播媒介变得非常丰富，新增了诸多移动终端设备，如手机、iPad、笔记本电脑等，受众可以在任何时间和任何地点阅读新闻，能够畅所欲言地发布观点，可以与其他受众一起交流讨论，分享感受，新闻传播的集群效应、网络社交属性更加显著。此外，新闻内容的叙事风格也更接地气，更加亲民，更具有生活气息，许多新闻媒体会故意在新闻传播中融入一些网络用语、幽默热梗，通过这些耳熟能详的语言来获得受众的好感。新闻叙事更加潮流时尚，具有品牌个性，吐槽、点评、反讽、反差报道等方式充斥各大短视频平台，新闻产品网络化特征十分鲜明。②

---

① 葛文明. 新媒体时代背景下的新闻记者职业素养提升策略［J］. 传播力研究，2023（10）.
② 王晨雨. 新媒体时代新闻传播的特征及创新路径［J］. 互联网周刊，2023（12）.

第二节　新媒体时代新闻传播主体的变迁

一、新媒体时代新闻传播主体的变迁分析

(一) 接受主体和传播主体模糊

新媒体属于一种新型的传媒模式，其改变了以往新闻传播中受众主体和传播主体的关系，在以往的传播模式下，受众主体和传播主体泾渭分明，而新媒体的发展导致二者关系日益模糊。当代受众更加习惯利用新媒体接受信息，尤其随着笔记本电脑、平板电脑和智能手机等移动终端的盛行，每个人都可以利用新媒体传播和共享信息，接受主体和传播主体处于一种随时变化、平衡的关系，二者共同组成新的新闻传播主体。

(二) 传播主体与接受主体的端点发生了转移

新媒体时代背景下所展开的新闻传播活动具备极强的互动性与交流性，并且不会受到时间与空间的约束，如此一来就会在多元化的信息与新的传播方式之下，促使新闻的传播方向逐渐发生了改变。① 最初新闻的传播方式是以线性传播为主的而现在已经逐渐由线性传播转变成为多方向的非线性传播模式。在传播的过程中由新媒体将很多传播议程慢慢弱化，逐渐促使传播者与接受者的关系变得平等，实现多向交流的目标，这样二者之间的角色转变越发频繁。另外，新闻传播方式在很大程度上受到了各种社会因素的影响，导致接受者对传统类型新闻失去了兴趣。越来越多的新闻接受者能够在新闻活动中掌握话语权。所以在新媒体环境下，接受者可以作为新闻的主导者。

(三) 传播主体呈现多元化

新媒体的发展是对传统新闻传媒格局的挑战和革新，在新媒体的强势冲击下，传统新闻传播的地位不断弱化，但是其所具备的权威性和导向性，依然是新媒体所不具备的。随着融媒体的发展，传统媒体和新媒体的融合已经成为必然趋势，新闻工作者更加习惯利用新媒体完成信息传播，新媒体逐渐呈现媒介

---

① 漆新平. 新媒体时代新闻传播规律的变化分析 [J]. 科技传播，2019 (15).

核心，并且呈现主体多元化的趋势，新闻工作者可以利用不同的新媒体平台传播信息，例如大众媒介、新闻机构或者个人网络平台，并且根据受众群体的需求，针对性地进行新闻加工，在秉承真实性原则的基础上，为受众还原真实事件。

二、新媒体时代新闻传播主体变迁而引发的思考

（一）重新定义新闻

新闻定义较为复杂。随着新媒体环境的变化，新闻定义也在不断延伸和发展，信息概念在某种程度已经取代了新闻概念，信息不等于新闻，有价值的信息才是新闻。同时，当代受众受到新媒体的影响，对新闻的关注点也呈现较大差异，取决于受众的年龄、受教育程度、地域文化影响以及价值取向等，但是受众参与新闻传播的欲望不断提升，因此，新闻工作者需要对新闻进行重新定义，促使新闻加工和传播更加贴近受众需求，符合新媒体时代的特点。

（二）加强舆论引导

新媒体下人人都可以充当新闻信息的加工者、共享者以及传播者，新闻传播者并不一定需要具备专业背景，普通受众、编辑、专业记者都可以加工和传播新闻，而一些具有权威性的传播者，其发布的信息和表达的观点则会引起其他受众的关注和重视，甚至影响其他人的观点和意识。当前参与新媒体的人数持续增加，网络环境良莠不齐，而想要发挥新媒体的优势，则要注重加强舆论引导，压缩非法传播者的空间。

（三）重塑记者角色

在传统新闻传播当中，记者承担着重要的任务，即凭借对事件的采访和调查为受众呈现真实事件。但是受到新媒体的影响，一些新闻传播者其专业性不强，在阐述自身观点以及撰写稿件的过程中并不能使其公正性及客观性得到保证，严重的甚至还会在稿件当中融入个人情绪，对于新闻事业的迅猛发展极为不利。对此，记者要承担信息把关人这一角色，即借助自身的专业性以及职业优势对事件真相进行深入调查和分析，客观性阐述事实，使公众的基本知情权得到保障。[①]

---

① 裴超奇，马红芳. 新媒体时代新闻传播主体的变迁 [J]. 传播力研究，2022（18）.

（四）加强媒体监督

新媒体语境下新闻稿件的质量参差不齐，很多稿件内容都偏离了主流文化和社会主义核心价值观，针对这一问题，相关部门和主流媒体要加强媒体监督，及时肃清虚假信息，对新闻事件的真相和细节进行探寻，避免虚假信息误导受众，在社会中产生负面影响。

第三节　新媒体时代新闻传播者的素养

一、职业素养

（一）保证新闻的真实性

新闻是民众接受外界信息的重要渠道，因此真实性也是新闻的主要特征以及基本前提，在新媒体时代下各类信息纷繁复杂，因此记者的职业素养的关键点是保证新闻的真实性，在新闻报道过程中应严格遵守真实性理念，对事物及事件进行客观阐述，并在此基础上表现出新闻报道的个性化。当前互联网发展使得很多人都成为信息传播的主体，改变了传统新闻报道的信息传播方式，但是网络各类信息也有鱼龙混杂的问题，对于公众的思维可能会产生一定的误导，在新媒体时代下新闻记者必须保证新闻的真实性，不能盲目追随大众潮流，要对事实进行客观报道，追查事情原委，以公正公平的角度审视社会及民生问题，才能让新闻报道更具说服力。①

（二）坚持人文观念的新闻播报

人文观念是人类社会发展中的先进部分和核心部分，也就是更多地站在尊重人、重视人的角度进行客观事物分析以及观察，新闻记者在进行新闻播报时，必须坚持人文道德观念，从多个角度对所报道的内容进行分析，尤其对于一些社会敏感话题不能言辞过于激进，给群众带来恐慌或偏激的意识引导，而是要以客观的角度进行人文理念探讨，要注重个人以及社会的多方面影响，以

---

① 孙晓卉，鲁萍. 新媒体时代背景下新闻记者的职业素养与社会责任［J］. 新闻研究导刊，2019，10（7）.

规范的言行举止加强自身的职业素养提升。新闻记者要更多地站在普通人角度思考问题、分析问题，但是同时也要具备理性的思维逻辑，不能让自身的情绪占据上风，一切应从大局出发，只有站得高才能望得远，这也是我国社会新闻事业深化体制改革以及社会治理的重要方向。[①]

（三）新媒体操作能力

新媒体的功能十分强大，新闻记者要具备新媒体的操作能力，不断创新应用新媒体的方法，这样才能不断促进新媒体的发展。新闻记者通过加强对于新媒体的学习力度，结合新媒体的传播特征，优化新媒体编辑形式，如电视台新闻记者进行新闻报道时，将新闻简讯、内容概要发布到微博以及微信等平台，从而增加新闻报道的附加值，让电视台节目效果得以充分提升。同时，将电视媒介与手机等新型媒介相互融合，从而扩大信息的传播量，实现新媒体的角色转变。

（四）正确的思想观念与价值观

新闻记者的思想观念直接反映着新闻报道的真实性与客观性，因此，新闻记者只有树立正确的思想观与价值观，才能对社会产生积极的影响。具体内容是新闻记者需具备更强的社会责任感，呈现出最真实、最有价值的新闻，化解社会矛盾。同时，新闻记者需坚守人文精神的思想观念，在日常新闻报道中不断提升自身的精神高度，如从多元化的角度分析在报道中需运用的语言模式，并且规范自己的言谈举止，学会换位思考，运用恰当的语言进行引导，从而为广大群众提供必要的信息资源。

（五）具备数据新闻素养

在大数据时代，数据新闻是一种创新的新闻形态。在当前新闻媒体发展的大环境中，新闻记者要正确地认知当前的竞争形势，必须具备一定的数据意识和数据能力，突破传统发展观念的束缚，运用微博、微信等新型社会化媒体深度开发数据新闻内容，为受众提供有价值的新闻信息，有效满足受众对新闻信息的获取需求。

在当代的社会发展中，新闻记者一定要具备数据的判断能力、反思能力，提升对数据的敏感度。新闻记者还要正确地了解和看待大数据，做好新闻数据的正确判断，特别是在运用数据的时候，要确保数据的实效性和可靠性。在新

---

① 张艺也. 电视新闻记者社会责任意识和职业道德感探析［J］. 记者摇篮，2020（11）.

时代发展背景下，新闻记者还要具备新闻的敏感性，以及数据的获取能力、分析能力和呈现能力等。当今社会每天都会产生大量的新闻信息，新闻记者一定要具备在大量信息中获取有价值信息的能力，并能够以多种信息呈现方式，例如，图表、图像等方式呈现给受众，帮助受众更加全面地理解新闻信息的内容。

（六）具备团队协作的能力

在新闻信息的采编过程中，往往不是一个人单打独斗，而是需要很多工作人员的精诚合作，共同来完成。在当今的社会发展中，不仅要注重综合型人才的培养，还要更加注重相互协作能力的培养，一部好的新闻作品需要在制作团队成员的共同配合下，进行采访、编辑、后期的制作等工作，这样才能将新闻效果完美地呈现出来，满足受众对新闻信息的实际需求。新闻记者是一个比较辛苦的职业，在实际工作中需要经受很多的考验和挑战，只有具备一定的职业素养和较强的社会责任感，才能在新闻制作中精诚团结，共同制作出高质量的新闻。另外，新闻记者一定要正确地看待传统媒体和新媒体的关系，积极探索两者融合发展的途径，不断提升主流媒体的发展实力和市场竞争力。新闻记者一定要严格要求自己，积极努力，充分利用自己的专业能力完成新闻信息采编工作。

二、媒介素养

（一）新闻传播者媒介素养培养的意义

1. 有利于提高新闻报道质量

伴随媒介全球化和我国媒介市场化过程的加剧，媒介的运行机制也随之发生了重大变化，新闻传播者媒介素养也亟须提高和加强，以强化其在传播过程中的主体性批判意识，减少不良新闻报道的消极影响，从而承担起传播媒介的社会责任。

2. 有利于适应快速变化的媒介环境

随着全球化进程的不断加快和信息技术的飞速发展，信息流动的国际化趋势使我国的媒介环境变得日益丰富和多变，媒介呈现出多元化的发展态势。除了电视、报纸、广播和互联网等主要媒体，还包括音像、QQ、手机短信、微信和微博等媒介全天候提供全方位的大众媒介信息，毫无限制地满足媒介受众的视听感官需求。媒体从根本上改变了人们的生活方式、思维方式、社交方式，媒介全球化对新闻传播者的巨大影响已远远超过了以往任何社会阶段。因此，提升新闻传播者媒介素养可以帮助其适应快速变化的媒介环境，满足媒介受众对各类信息的需要。

（二）新闻传播者媒介素养提升的策略

1. 提高新闻传播者多媒体应用能力

现阶段，新闻记者采集的信息需要满足电视、报纸、手机、网络等多种媒体的需要。所以，新闻传播者除了具备传统的新闻洞察力、调研能力、文字表达能力外，还需要强化多媒体操作能力。只有这样，新闻传播者才能熟练地对各种文本、图表、图片、视频等多种素材进行处理，满足各大媒体的需求。所以，为提高新闻传播者多媒体应用能力，需要从以下几个方面入手：首先，使新闻传播者认识到提升自身多媒体应用能力的紧迫性。其次，通过再教育、培训的方式提高新闻传播者的多媒体应用能力。最后，通过提高工资待遇、奖励的方式激励新闻传播者提升自我能力。

2. 加强新闻传播者信息处理能力

加强新闻传播者的信息处理能力是保证新闻质量，扩大新闻影响力的重要保证。现阶段，提升新闻传播者的信息处理能力需要做到：第一，要求新闻传播者掌握新闻理论和新闻业务知识，扎实的专业知识是其开展新闻信息筛选、处理工作的前提和基础。第二，了解电视、报纸、网络、手机等各种媒体对新闻素材的要求，掌握跨媒体的技术技能，熟练对新闻资料进行融合处理。第三，了解受众的心理需求，找准问题的切入点，把受众最渴望知道、最需要的内容送到其"家门口"。

3. 提高新闻传播者的职业道德

为保证新闻信息的真实、准确、细致，提高新闻传播者的职业道德刻不容缓。一方面，可以通过定期开展培训、举办讲座、评选职业道德标兵等活动，提高新闻传播者的职业道德，使其明确自身的职责和担当；另一方面，奖罚分明，对于遵守新闻职业道德的从业人员，要政治上保护、经济上补偿和业务上肯定，对于那些不遵守新闻职业道德的从业人员，要政治上处分、经济上罚款、业务上否定，而对于那些屡教不改的新闻从业人员，要取消其新闻从业资格。

4. 提高新闻信息把控能力

在传统媒体环境下，新闻记者具有绝对发言权，新闻报道的形式和内容都是新闻记者来决定，受众只能被动地接受新闻内容和形式，没有选择的机会，更没有发言权。如今，新媒体时代的到来，新闻信息的传播形式发生了巨大变化，受众可以通过网络平台发表自己的言论，每个人都可以充当新闻记者的身份。新媒体时代，媒体更加关注受众的需求和感受。新闻记者必须提高对于新闻的把控能力，不能随意传播新闻。

5. 提高自身的专业性

传统媒体传播形式下，新闻记者的价值体现是保证新闻的专业性和规范性，在传播新闻的过程中坚持以下原则：一是准确性，二是客观性，三是时效性，四是公平性，五是公正性，六是公开性，实现集体利益和个人利益相协调。新媒体时代，新闻传播的方式不断增多，新闻的覆盖面也在不断扩大，但是很多不良信息出现在新闻报道中，给受众带来了很大影响。对此，在新媒体时代，新闻记者必须增强责任心，提高自身的专业素质，严格把关，维护受众的正当权益。在采集新闻素材的过程中，新闻记者要谨慎筛选，挑选出真正有价值的信息，滤掉不健康信息，将真实客观的信息展现在受众面前。

6. 提高新闻记者的社会责任感

在新媒体时代，每一个人都可能成为新闻的生产者、传播者、评论者。人们既可以借助移动客户端、微博、微信、贴吧等媒介直接发表新闻，也可以在信息平台或评论区直接发表自己对新闻事件的看法和建议，还可以互相交流讨论。以上这些新闻信息不仅具有随意性，真假难辨，还可能会出现一些情绪化的言论，不利于正能量的传播。此外，一些新闻记者还会为了自身的利益，或发布虚假新闻，或恶意歪曲事实，严重影响新闻质量，不利于促进新媒体的发展。因此，新闻记者要提升自身的社会责任感。一方面，新闻记者要肩负起发表权威新闻、正确引导舆论、传播正能量的社会责任。另一方面，新闻记者要肩负起化解社会矛盾的社会责任。这就要求新闻记者对新闻信息有较高的敏感度，能够及时发现并查证、审核一些潜在的社会威胁言论，并通过媒体、内参等形式及时反馈给政府相关部门，担当化解社会矛盾的重任。

第四节　基于新媒体时代的网络新闻传播

一、新媒体时代网络新闻传播的特点

（一）网络新闻信息内容更丰富、更多元

网络新闻基于互联网技术，能够在短时间内将国内外的新闻资讯有机整合至网站平台上，供读者选择阅读。首先，网络新闻具有海量性特点。网络新闻

突破了传统新闻资讯版面或是时长的限制，能够将海量的信息通过数字化处理，形成网络新闻信息数据库，通过超链接，让读者根据自身需要，进行相对无限性的浏览阅读。其内容的丰富性，能够突破主题的限制，囊括所有新闻内容题材，无论是虚伪性的还是严肃性的，日常性的还是政治性的，只要是读者有需要，符合法律法规规定，符合道德风俗，就可以获取任何题材的新闻资讯。其次，网络新闻的呈现方式具有多元性特点。从传统媒体的特点来看，纸质媒体的呈现方式（的）平面化的，以文字和图片相结合的方式为主；广播新闻属于有声资讯；电视新闻主要是视频图像。由此可见，传统媒体的呈现方式比较单一。而网络新闻，能够将文字、图像、视频、声音进行有机整合，经过美学设计，将视觉、听觉有机融合，更有感官冲击性，让读者受众获得更加优越的浏览、阅读体验。使新闻的呈现方式更生动、更综合、更形象，具有更高的感染力与传播性。

（二）网络新闻的传播具有即时性与交互性

随着新闻行业的蓬勃发展，各大新闻企业、平台、软件众多，重大的、有效的新闻资讯总是有限的，谁能第一时间获取新闻，将其进行真实、客观的报道，谁就掌握了竞争的要义。首先，就新闻信息本身而言，网络新闻相较于传统媒体方式有其天然的即时性优势。就程序而言，当已经获取新闻资讯时，传统媒体有时段、时长以及版面的限制，如电视、广播新闻，只能在当日的固定时间段进行播放，纸质媒体基本是每日一次，甚至是每周一次进行印发；而网络新闻能够直接以拍摄视频配以简单文字的形式，第一时间直接进行发布，随后根据事件发展，随时进行跟踪报道，这种即时性能够满足人们获取新闻资讯以及了解前因和后续发展的心理需要。其次，从与受众读者的关系而言，网络新闻具有交互性的特点。传统媒体基本上是属于灌输性的单向传播方式。无论是纸质媒体还是电视、广播媒体，其新闻资讯的内容基本上是已经构架、编辑好的，受众和读者是被动接受这些新闻资讯，无论是疑问还是评论看法在观看、收听新闻的时候，是无法被传统媒体所看到和听到的。而网络新闻打破了这种单向传播的方式，弹幕与评论的出现，使受众与读者可以与新闻平台形成一个实时的互动，新闻主播可以根据已掌握事实，根据受众读者们最关心的问题进行解答与回应。同时，受众读者也不再是被动地接受这些新闻资讯，他们能够从自己的兴趣出发，自由选择题材获取信息。充分满足了受众读者自由性、参与性的心理，使得新闻传播者与接受者的地位更加平等，交流更加畅通。

（三）网络新闻的保存更有长效

有些新闻信息是具有保存价值的，如传统媒体的纸质剪报，老一辈的读者们将报纸的一些栏目如同集邮一般收集起来，甚至形成了收藏的一个类目，尤其是建国时期与抗战时期的纸质剪报现在更是价值不菲。物以稀为贵，正是因为传统媒体的保存不易，才有现在价值。而网络新闻因其数据性与电子性，可以直接进行数字化保存，基本没有任何成本，只需轻轻一点击，复制粘贴，便可完成保存的全过程。没有重量、不占用实际空间，因此网络新闻的保存更具有长效性。

同时，网络新闻相较于传统媒体来说更加容易检索。传统媒体的检索比较困难，基本要通过人工进行搜索、寻找，而网络新闻虽然平台众多但是可以通过百度、搜狗等搜索软件进行关键字搜索，也可以利用网络平台本身的搜索功能进行检索，这样更加方便快捷。更易于快速获取自己想要的新闻信息，并将相关信息进行整合、了解，就同一个事件直接了解多方看法，形成立体的观念。

二、新媒体时代网络新闻传播存在的问题

（一）网络新闻同质化情况较严重

在新媒体时代，人们获取信息的速度加快。通常情况下，一个重大事件出现，各大新闻平台都会在第一时间进行报道。过于关注时效性的后果是对报道内容的忽视，各大平台基本上是对事件本身的基本要素进行报道，忽视了对深层次内容的挖掘，然而事件是一样的，基本信息也不会有太大变化，也就是说，对于同样的热点事件，受众读者在各大新闻平台的浏览体验基本是相同的。同时，各大互联网新闻平台的版面设计也呈现同质化的趋势。基本就是首页突出热点新闻，然后根据内容进行分类，这种设计方式原本是根据网络新闻最开始出现时，受众读者的浏览习惯来设计的。然而，在当今时代，互联网技术以及新闻的设计方式也产生了许多变化，除去个别寻求创新的平台外，各大平台的版面设计依旧没有太多的变化。内容以及形式的同质化情况，影响了读者的浏览体验的提升，也影响了网络新闻权威性的提升。

（二）网络新闻商业化、广告化现象严重

网络新闻基本上获取收入与盈利的方式便是商业广告，对广告的依赖性导致新闻网页版面的广告弹窗、广告栏、广告版面过多，直接影响读者的阅读体

验。部分网站甚至把广告嵌入到文章内部中，受众读者可能已经关闭了广告弹窗，想要享受纯净阅读，结果只要在网页上再次点击或是浏览下一页时，广告弹窗就又会出现，极易引起读者反感。同时，部分广告的内容低俗、媚俗情况也比较严重，为了获取利益，对于这些打擦边球的广告商，因为没有触及法律法规的底线，网络平台也没有进行严格的筛选，降低了网络平台格调的同时，影响读者体验，模糊了广告与新闻的界限，直接降低受众读者对网络新闻的权威性印象，影响其传播影响力。

（三）带有负能量

在传播过程中，正能量的新闻信息即便能够得到群众认可，也难以避免地会出现一定的负面声音，如一些网络群体在接收新闻报道之后发表过激的评论，不能营造向上的网络环境。与此同时，网络信息传播体现出一定的随意性，部分媒体单位以得到浏览量为目的，没有细致地研究新闻内容是否真实和可靠，就在第一时间把新闻信息传播给群众；部分群体未得到互联网信息服务的权限定期自主发布新闻，甚至出现大量转载的现象，这些都会影响新闻内容的正能量传递效果。①

三、新媒体时代网络新闻传播的策略

（一）树立规范、探索创新的理念

新媒体时代下网络新闻没有固定的记者群体，每个人都是新闻的传播者、制造者和接收者，在这样的背景下，想要促进网络新闻的发展，发挥网络新闻的优势，就应当树立规范、探索创新的理念，尤其是剽窃问题更需要引起关注和重视。很多博主为了吸引更多的流量，让更多的人关注自己，提高自己的粉丝量级，会选择有意识地去剽窃其他媒体新闻内容，因此网络新闻的独创性和原创性往往无法得到保障，而在剽窃的背景下，新闻的真实性也会受到影响。②

因此，应当加大宣传力度，树立原创观念，共同抵制剽窃问题，进而让网络新闻制造者和撰写者更加积极主动地去思考如何有效地优化自己的内容，拓展内容的深度和广度，这既可以增强自身的自媒体竞争优势，也可以更好地促

---

① 廖圣清，方圆，李晗，等. 中国新闻网站的网络传播结构及其影响力研究 [J]. 新闻大学，2019（1）.

② 王运涛. 新媒体时代如何提升网络新闻传播影响力 [J]. 新闻研究导刊，2021，12（3）.

进网络新闻的发展。除此之外，网络新闻作为新媒体时代发展的最新传播形式，很多媒体官方也通过网络来传播新闻，这无疑是质量良莠不齐的网络新闻中的一股清流，媒体官方需要发挥自己的龙头榜样作用，要求相应的专业新闻工作者在工作落实的过程当中，严格遵守妙笔著文章、铁肩担道义的准则，了解新闻的起因、经过和结果，对新闻信息反复排查，保障新闻信息的真实性，以身作则，不断地提高网络新闻的深度和广度，发挥其引导和榜样作用，为其他个人账号树立榜样，为网络新闻的发展提供更多保障。

（二）调整网络新闻的报道结构

新媒体时代的到来，对人们的阅读方式产生了很大的影响。现阶段，人们的阅读方式以碎片阅读为主。在新闻传播的过程中，篇幅短小、内容精致的新闻会更受人们关注。因此，要提高网络新闻的传播影响力，必须调整新闻报道的结构，要做到这一点，不仅要加强信息的关联性，还要从多方面入手，结合报道的模式进行调整。只有这样才能让网络新闻的内容保质保量。在调整模式的过程中，可以从以下两个方面着手。首先是新闻的标题，在网络新闻传播的过程中，新闻的标题一定要简单易懂，直接概括新闻的中心内容。这样的模式可以吸引公众的关注。其次是新闻客观本质。在新闻传播的过程中，应该采用精简的方式对内容进行提炼，从而表达新闻的客观本质。最后是素材的挑选。不同受众群体的需求是不一样的，因此在网络新闻传播的过程中，必须进行科学分类，挑选满足受众群体需求的素材，这样的模式可以体现网络新闻的实用性。

（三）创设具有特色的网络新闻网站

在新媒体时代，特色新闻的建设是不可缺少的。虽然网络平台中的网络新闻数量众多，但是在阅读新闻的过程中，读者却很难找到自己需要的新闻内容。因此要提高网络新闻传播的影响力，就需要发挥特色新闻的积极作用。特色新闻就是独家、不可替代的新闻。新媒体使得新闻传播工作发生了很大的变化，网络平台为了突出自身的卖点，提高自身的竞争力，就要形成自己的特色。只有这样才能拥有稳定的读者，促进网络新闻网站长远发展，提升网络新闻传播的影响力。

（四）网络新闻传播应坚定正确的价值导向

从网络新闻传播的内容和目标来看，一方面网络新闻是为了让人民群众更好地了解社会发生的热点事件，为人们了解社会、感知社会提供更多的渠道和帮助。另一方面，网络新闻最为重要的影响则是引导社会舆论，进而正向影响人民群众的价值观念和思想意识。由此可以看出，网络新闻传播与人们的价值导向引领有着密切的联系，想要更好地发挥网络新闻的积极影响，推动社会和谐发展，在网络新闻撰写创新的过程当中坚持正确的价值导向则显得十分必要，这样可以更好地发挥网络新闻的社会职能，进而引导社会舆论走向，帮助人民群众树立正确的价值观念。基于这一点，网络新闻工作者需要有意识地强化自己的关键素养，在实践工作落实的过程中，提高自己的服务意识，坚定道德立场，增强责任感和使命感，在网络新闻制作编撰的过程中有态度、有立场、有信仰，通过网络新闻更好地弘扬社会主义核心价值观，进而营造良好的网络环境。

（五）构建社会舆论引导机制

良好的外部环境可以让网络新闻发挥积极的影响，利用网络信息技术更快更好地传输社会主义核心价值观，满足人们的需求。为了更好地促进新闻行业的发展，让网络新闻的优势和影响发挥到最大，构建社会舆论引导机制是十分必要的，这就需要政府等相关部门发挥规范引导作用，加强舆论引导机制的建设。[①]

政府等相关职能部门需要根据主流网站网络新闻传播的现存问题和实际困境，建立健全网络舆论监测机制，加大监督力度和控制力度，结合中国互联网管理条例，不断优化规章制度和法律法规，进而让网络受众以及自媒体工作人员了解到网络并不是法外之地，需要为自己的言行负责，进而为净化网络新闻传播环境提供更多的保障。

（六）培养良好的话语环境

新媒体时代下，网络已经逐渐渗透并应用在人们日常的生活和工作中，为人们提供了较大的便利和帮助，甚至网络的普及和推广在无形中改变了很多人的工作方式和生活方式，网络的便捷化使现阶段人们的知识积累越来越多，为人们的生活和发展带来了较多的便利。但不可否认的是，在网络环境下因为约束和规范相对较少，导致网络上的信息良莠不齐，虚假信息问题迟迟难以得到有效解决，究其根本原因是现阶段自媒体平台很多自媒体创作者在网络新闻制作的过程当中过于关注如何吸引眼球，如何有效地吸引流量，忽略了信息的真实性以及网络新闻所带来的社会影响，为了更好地解决这一问题，一方面网络

---

① 刘嵩. 新媒体时代网络新闻正能量传播范式探析 [J]. 新闻研究导刊，2020, 11 (9).

平台需要加强规制、监督和引导，坚决杜绝虚假信息、虚假新闻的情况出现。另一方面，自媒体创作者除了需要充分利用评论区，了解人们的喜好倾向和信息阅读需求，同时也需要在工作落实的过程当中坚持正向积极的价值观念，端正工作态度和工作理念，不仅需要关注受众的阅读需求和观看需求，更需要坚持正确的价值导向，在符合社会主义核心价值观的基础上合理地收集信息，确定网络新闻的内容。

除此之外，相应的自媒体工作者在网络新闻收集和创作的过程中也需要端正工作态度，在网络新闻编撰的过程中收集更加全面真实的信息资料，保障新闻信息的真实性和准确性，并且在网络新闻制作的过程当中秉承客观真实的原则，尽可能减少主观批判等态度，客观地传播信息。

人民群众也需要认识到网络新闻传播需要一个良好的话语环境，注意端正自己的行为、规范自己的语言，时刻注意自身综合素养养成。新媒体时代下的网民不仅仅是信息的接收者，甚至还在很大程度上主导了新闻的走向以及网络新闻发展的方向，为了更好地促进网络新闻行业的发展，网民必须认识到如何有效地筛选信息，为营造良好的网络环境提供保障。

（七）提高群众媒介素养

首先，网络新闻要想进行正能量传播，群众也应该自觉提高自身的媒介素养，推动社会稳定建设。群众的媒介素养不仅是其对媒介信息进行解读和批判的能力体现，还是其利用媒介信息的能力体现。群众的媒体素养涉及运用网络的基本素养，其中包含接收信息层面、辨识信息层面和研究信息层面。新媒体环境下，网络媒体提供的新闻的信息比较多，再加上群众接受教育的程度不同，拥有的新媒体素养水平也有高低之分，网络新闻的受众反馈效果参差不齐。网络新闻在提高正能量信息传播效果的同时，最为关键的任务便是提高群众的媒体素养，这也是增强群众社会责任感的一个渠道。要对群众进行理性引导。基于网络新闻的匿名性特点，不负责任的言论可能误导群众对社会产生不满情绪。所以，要引导群众遵守道德规范，做有担当的良好公民，理性地参与公共事务，打造纯净的网络空间。

其次，群众要增强自律意识，文明运用网络技术。虽然网络带给人们人际交往、工作和学习的便捷条件，但群众要有节制地利用网络技术和不良的网络风气做斗争，提升自身道德标准，凸显群众精神家园的文明性与和谐性。每一个人都能够利用网络发布言论，网络也可以提高网民言论的号召力，让网民不间断地积累社会正能量信息，所以网民在评论新闻信息时应该客观，不要使用偏激的语言，以免产生不良后果。十分重要的是，相关管理部门应该引导群众正确认识社会，微博和贴吧等平台是社会舆论的发源地，人们依托相关平台的便捷性可以表达自己的观点，此种变化也让网络体系中的舆论空前强盛，社会影响力较大。如果群众可以正确地认识社会，就能够在发表观点时传播正能量，让正能量信息深入人心，便可以给社会中的每一个人传递温暖和爱心。另外，要增强群众进行正能量传播的主观能动性。新媒体对群众的思想观念的影响比较明显，调动群众的主观能动性，使其进行新闻正能量传播，拓展新闻媒体事业的范围和空间，能够助力网络新闻正能量传播目标的实现。

第六章　新媒体与文化艺术产业

进入 21 世纪之后，数字技术带来传播技术的变革，引发了人类传播的又一次飞跃。数字媒体技术是融合了数字信息处理技术、计算机技术、数字通信和网络技术等的交叉学科和技术领域，通过现代计算和通信手段，综合处理文字、声音、图形、图像等信息，使抽象的信息变成可感知、可管理和可交互的一种技术。基于数字技术产生的新媒体如雨后春笋层出不穷，正日益影响着文化艺术产业发展。

第一节　新媒体与文化艺术产业的互动

一、新媒体与文化艺术产业融合化

新媒体的出现为文化艺术产业发展带来了无限的生机与活力，就像是文化艺术产业的发动机，它以 IT 技术为核心，极大地推动了文化艺术产业的发展。新媒体与文化艺术产业的结合主要表现在影视、动漫动画游戏研发、广告、多媒体信息技术的开发与信息产业、建筑、工业、服装等一系列的艺术设计图像分析、虚拟装置等领域，并涉及科技、艺术、文化等诸多领域。

新媒体与文化艺术产业的融合发展，影视产业表现较为明显，也是进入大众视野最多的领域。动漫和软件开发业运用新媒体的虚拟现实和交互性，对新媒体的依赖程度较高。随着人们生活中电子产品的增多、闲暇时间的减少以及阅读习惯和获取信息习惯的改变，数字出版的兴起和发展正在日益增进与新媒体艺术的融合。而旅游会展业在近年来更加注重新媒体艺术要素的融入，北京 2008 年奥运会和上海 2010 年世博会中，新媒体、声光电的运用给观众带来了大量的美感体验。此外，新媒体与文化艺术产业的融合还表现在具体的文化艺术作品的传播方面。文化艺术作品借数字技术革命下的新媒介形态，提高了传播效率，增加了受众的审美感受。互动性是新媒体传播最为显著的特征，这一点在新媒体与文化艺术产业融合上也得到了充分的体现。在新媒体技术条件下，受众很容易接触到数量更多、形式更多样的文化艺术作品。另外，新媒体的使用使文化艺术作品能够更大限度地发挥创造性，因而，提高了作品艺术的表现力，比如，影视作品图像更为清晰、场景更为真实。文化艺术作品借助新媒体的传播与扩散，扩大了其影响力，增加了受众数量，创造了更多的文化艺术消费需求，给文化艺术产业带来了持续的活力和发展的基础。

二、新媒体与文化艺术产业互动的必要性

（一）推动文化产业转型升级的必然举措

近年来，文化艺术产业一词多次出现在政府工作报告、文化产业发展规划、文化产业发展政策文件中，体现了我国对于文化艺术产业的重视程度。第一，推动新媒体艺术与文化艺术产业的和谐互动，可以实现技术、文化、艺术三者之间的有机融合，推动我国文化艺术产业转型升级。新媒体技术的快速发展，能够充分挖掘文化艺术产业的潜力，为文化艺术产业转型升级注入新的活力。第二，推动新媒体与文化艺术产业的和谐互动，可以进一步带动与文化艺术产业相关的其他产业发展，延伸文化艺术产业的价值链，推动我国经济整体发展。例如，推动二者之间的和谐互动，势必能够推动新媒体技术的发展，形成产业协同以及产业集聚效应，防止各项产业资源浪费。第三，推动新媒体与文化艺术产业的和谐互动，可以进一步拓展文化艺术产业的发展空间，创新文化艺术产品的形式。

（二）提升我国文化艺术产业的竞争力

文化艺术产业是当前各国发展经济过程中重点关注的产业，其不仅能够带动一国经济的发展，而且可以宣传一国的文化。近些年来，我国也需要进一步推动文化艺术产业转型升级和创新，推动我国文化强国战略的实施。文化艺术产业作为第三产业，具有低能耗、低污染、高产品附加值等特点，符合当前我国产业转型升级的基本要求。发展文化艺术产业，推动新媒体与文化艺术产业的和谐互动，可以提升我国文化艺术产业的国际竞争力。

三、新媒体对文化艺术产业发展的影响

（一）新媒体不断推进新的文化艺术产业链诞生

在文化艺术产业的发展过程中，传媒业代表着国家文化艺术产业的核心，

代表着国家的文化艺术发展水平。在很多国家"新媒体相关产业"都已经被列为文化艺术产业中一个重要部分，在中国，新媒体具有很强的发展力和上升空间，它不仅代表着民众的文化素养，更代表着国家的文化水平。所以，新媒体的产生是一个新的机遇，将会使文化艺术产业总体规模不断扩大。

（二）新媒体促进了文化艺术产业内部改革

新媒体的出现，将会使由传统媒体所组成的产业链受到冲击，微信、微博的出现使更多的广告商从以前的电视广告转变为在新媒体中植入广告，据调查，互联网的广告市场已经远远超过了电视广告，手机已经成为每个人拥有的工具，随着新媒体的不断完善，涌现出了很多低头族，[①] 很多人由于工作忙没有时间去看电视，相反会在上班下班的路上翻手机，所以更多的广告商会选择在微信微博以及互联网等新媒体上植入广告，所以长此下去，新媒体将会越来越受到广告主的青睐。

（三）文化艺术产业的发展需要依托新媒体

在新媒体快速发展的今天，我们要快速利用新媒体，抓住机会，挖掘出更多的潜在功能，使新媒体能够得到快速发展，更要注重新媒体与文化艺术产业的融合，国家应该大力扶持新媒体的发展，将新媒体与文化艺术产业进行资源融合，这将成为未来几年推动社会经济发展的主要力量。一是新媒体要注入更多的新元素，要具有强化创新意识；二是国家要不断完善新媒体的产业政策，建立健全管理体制，推进新媒体产业更加规范化；三是要充分运用新媒体的多元化平台推进资源整合，实现资源共享。

第二节　新媒体与视听文化艺术产业

一、媒介技术的发展是视听文化艺术繁荣的前提

（一）新技术手段下视听文化艺术生产更加活跃

信息时代，不断涌现的新科技带来了众多新型媒介，网络技术的不断革新

---

① 刘键. 新媒体视觉艺术设计理论与实践［M］. 北京：新华出版社，2020：79.

推动了如网络广播电视、IPTV、互联网电视、手机电视等视听新媒体的问世，网络视频也在 2005 年后开始兴起。新的媒介形式在对传统媒介造成冲击、给传播格局带来革新的同时，也给受众带来了更多选择。

首先，将受众从点对面的单向线性模式中解放出来，不仅实现了互动，还使其主观能动性得到极大发挥，有利于受众决定节目走向。

其次，将受众从固有的收视场所中解放出来，通过公共移动媒体和手机终端，实现随时随地享受视听文化艺术。而且，新的媒介技术通过资料库的形式，给观众提供了更多的选择，弥补了定时线性播放所造成的收视遗憾。

受众不仅在获取内容方面享有了自由，更有机会作为传播主体参与到传播活动当中，在视听文化艺术领域发挥创造力。如果没有新的技术手段、新型媒介出现，在传统的线性、单向传播模式下，视听文化艺术的生产不会像现在这样活跃。

（二）视听文化艺术的发展受到媒介技术的制约

媒介技术的每一次进步都为视听文化艺术的发展带来了新的飞跃，也带来了更多可能，但媒介技术对内容的发展又形成了一定的制约。

传统媒体时期，电影依靠院线的传播渠道将观众封闭在公共的观影空间里，实现一次性传播，观众一旦买票进入电影院，就会受到制约，完成一次不间断的长时间的观影行为。在这种强制观影的条件下，进入院线的电影质量参差不齐，有的甚至并无实质内容，只求把票卖出去，赚取票房。

同样，传统电视节目也受到电视机这一传播载体的限制。电视摆放在客厅中，收看环境有很大的随意性，观看者可以随意走动，也可以终止节目的收看。同时，线性、单向的传播模式会影响收看氛围，使传播效果受到制约。

随着时代的进步，视听文化艺术的发展对媒介技术提出了越来越高的要求。网络建设与维护给视频网站带来了负担，以手机视频为例，由于资费较贵、网速不给力等原因，点开一段视频所使用的流量和对网速的要求远远高于点开一段文字或图片，因此，手机端视频的使用仍存在一些问题。

虽然理论上互联网电视让家庭娱乐得以回归客厅，但现实中，我国互联网电视的功能并没有得到很好的开发。受网络条件和用户自身使用习惯的影响，互联网电视的开机激活率仅在 10%~20%。从这个意义来讲，目前消费者对互联网电视的购买，更多的只是买了一个电视机终端，其功能还没有得到完全开发。

二、视听文化艺术对新媒体有着极大吸引力

（一）视听文化艺术是更适合新媒体表现的内容

一方面，作为视听文化艺术的代表，电影、电视剧、娱乐节目，都是通过画面和声音直接诉诸人们的视觉和听觉，产生视觉形象和听觉形象，以及二者合一的银幕、荧屏形象，从而达到叙述、抒情的目的。与枯燥的文字或严肃的新闻相比，影视艺术更加直观、形象、浅显、轻松，追求一种艺术享受和审美愉悦。

另一方面，新媒体彻底颠覆了传统媒体以传者为中心，单向线性、定量生产的传播模式，模糊了传、受者之间的界限，能够有效整合视听信息，使传、受双方的交流实现了互动化，因此其内容生产更关注受众的喜好和个性需求，呈现出大众文化与消费文化的特征，更趋向于娱乐化、流行化、趣味性和时尚性，强调通过感官体验和视觉冲击，来满足受众放松身心、休闲娱乐的目的，而不是进行深度思考。从这个角度来说，视听文化艺术的发展与新的媒介技术的发展方向一致。

（二）新媒介环境下的受众需要贴近自身生活的影像

影视艺术以其逼真地反映生活见长，并依靠逼真的生活影像吸引受众。直观的逼真性与艺术的假定性的统一，是影视文化的重要审美特征之一。在受众能够决定自己观看内容的新媒介环境下，人们更加关注自我，更愿意表现自我，也有了更多展示渠道，因此贴近受众生活的视听影像必然成为媒体选择的重点。

（三）视听文化艺术有助于新媒体实现艺术与技术的结合

电影、电视都是综合艺术，其综合性可以从三个方面来理解：一是艺术与技术的结合；二是多种艺术元素的有机结合，包括文学、戏剧、绘画、音乐、舞蹈、建筑等；三是时间与空间艺术的综合。就第一点来说，视听文化艺术对新媒体的贡献在于既能帮其实现内容上的艺术性，又能充分发挥其技术优势；而第二点则能够满足大众文化时代对"快餐文化"的消费需求。①

（四）视听文化艺术成为新媒体受众的首选内容

受众在视听新媒体上关注的内容与在传统媒体上关注的内容不完全相同，

---

① 彭雷清. 内容营销 新媒体时代如何提升用户转化率［M］. 北京：中国经济出版社，2018：96.

新闻类严肃内容退居二线，电影、电视剧、娱乐节目等文化艺术内容成为首选，这进一步说明了视听文化艺术的发展对视听新媒体的吸引力极高。

三、视听文化艺术发展呈现与新媒体相适应的艺术特征

媒介的发展不但影响到人们的传播经验及社会构成，而且伴随媒介发展起来的文化艺术也将在其影响下呈现出与之相适应的艺术特征。

在新的媒介环境下，视听新媒体融合了数字化、网络化和信息化技术，呈现出与传统媒体截然不同的媒介特征，因此依靠其发展起来的视听文化艺术也必然呈现出与之相适应的艺术特征。

作为现代工业社会和市场经济的产物，大众文化的本质就是一种商业文化和市民文化，具有无深度、模式化、易复制等特点，因此，新媒体的内容生产更趋向于娱乐化、流行化、趣味性和时尚性。

但另一方面，恶搞等内容生产模式又呈现出世俗化、恶俗化、叛逆性和戏谑性等大众文化、消费主义的特征。有的甚至将大众文化的通俗性理解为庸俗性，只是一味地恶搞，没有任何内涵和原创性，这样的作品经不起时间的检验，毫无生命力可言。因此，随着视听新媒体发展的深入，大众群体的内容生产也必然要往规范化、精良化的道路上发展。那些只能满足短暂感官消遣的恶搞作品将逐渐被具有原创性和艺术价值、制作精良的短视频所代替，抖音、快手等新媒体也将成为一个真正展现才华的舞台。

每一种新的媒介都创造了自己的环境，这个环境对人的各种感知施加影响，这种影响是完全无情的。也就是说，任何内容生产都会深刻地打上与之相适应的媒介技术环境的烙印。

传统媒体时期的电影、电视剧、电视节目都有一定的容量，结构完整，叙事规模相对宏大，并且传播线性化，生产定量化。而在新的媒介环境下，以短视频为代表的内容生产则适应了更加自由的媒介环境，倾向于短平快和规模化。以抖音为代表的音乐社交短视频，更诠释了文化艺术与新媒介环境的完美结合。

四、新媒体时代下视听文化艺术产业的创新

（一）新媒体时代下电影形式的延展

电影形式的基本构成比各种其他传统艺术的形式构成更具备融合特质。无论是技术，艺术或者其他的文化形态，电影总是能够使其与之融合再发展。

1. 电影与游戏——电影游戏化

随着电影的发展，创作者和接受者的关系也被不断地再思考。构建艺术家或导演与观众的共同体成了一个新的话题。导演的间隔与观众的介入似乎成了一个新型的电影形式。出现了类似游戏化的电影，观众的参与以及沉浸式的体验感是其发展的一个目标。要想了解"游戏化"首先应该了解"电子游戏"，[①] 电子游戏的基本特征有三个：电子化、互动性、模拟性。从这三点来看，电子游戏与数字时代下的电影发展有一定的共通性。从两者的元素构成和画面出发，随着数字技术的发展，电影越来越向游戏靠拢。电影中的场景不再局限于现实，而是加入了更多游戏化场景和角色特征，而这些都是可以通过三维立体建模等数字技术能够达到的。如电影《魔兽世界》《刺客信条》。在电影《魔兽世界》中的角色以及场景设计都类似于游戏的角色建模风格。

从叙事方面来解读电影游戏化。传统电影的叙事语言系统建立在长镜头和蒙太奇基础之上，是一种线性剪辑方式。数字新媒体则是非线性的剪辑方式，它可以最大限度地发挥电影时空的自由性，完全根据剧情跳接、无限制复制等剪辑手段，使电影达到了前所未有的奇观化效果，这与游戏的叙事有异曲同工之处。游戏化的电影叙事也发展了传统电影的叙事结构，在传统电影的叙述结构基础上，把叙事结构一分为二，分为导演与观众。游戏的故事也是指游戏的叙事路线，一款简单的游戏都至少包含两条故事线：内在故事和表面故事。内在故事通常由设计师来完成设计，而表面故事则是由玩家的个体主观选择来决定故事的走向。内在故事越完善，表面故事的变化就越细微。内在故事与电影里的叙事结构类似，主要由导演来完成。而表面故事是新媒体时代下电影发展出来的新形式，主要是观众的介入，而观众对于电影中剧情线的选择就类似于游戏中的表面故事。这种新型的游戏式电影表明了创作过程和观看过程是一样的，作品都建立于一种对既存世界或是认同或是改造的关系之上，并且丰富了电影的形式，开始探索开放式框架设计。

从情感方面来剖析电影游戏化，首先从游戏入手。在游戏中获得的快感，归根结底可以分为三种：爽快感、成就感、代入感。这一点与新媒体下的电影形式相契合。新的电影形式主要具有开放性和互动性的特点，满足观众从"看"到"玩"的行为转变，慢慢以意识形态为主导的电影决定了电影情节及电影环境的转变。随着数字技术的发展，电影的场景以及人物设计越来越游戏化，这一点就极大地增强了观众的"玩"的感情色彩以及强烈的代入感。

① 马晓翔. 新媒体艺术史 [M]. 南京：东南大学出版社，2022：41.

2. 电影与影像装置——艺术观念表达

在新媒体时代下，电影形式的多维度特性也使得电影与影像装置艺术的结合可能性增加。虽然影像装置艺术源于电影艺术，但由于其实验性以及观念性又区别于电影艺术。影像装置的维度展现早期相对于电影来说，因为其主要依赖艺术家的主观观念以及个体思想表达，所以形式更为丰富。但随着数字技术的发展，电影形式的多元化，两者慢慢出现了融合现象，例如，影像交互装置、虚拟现实空间等。

影像装置需要电影强大的形式结构、叙事能力以及数字技术来支撑影像装置观念和形式的表达。在叙事方面，影像装置中艺术家对剧情线索的完全把握被观众的参与互动所消解。与游戏化电影的叙事结构类似，在影像装置中，其叙事结构也分为艺术家和观众。艺术家的叙事过程也是艺术家内在情感的表达过程，也就是他所想让参与者所感悟到的，但这个叙事过程是开放式的，可以根据参与者在互动时所形成的即时反馈而改变。而参与者的叙述过程则为完全随机的，不受任何条件的控制。在未来电影的叙述中，不再是讲述一个事件，而是经历一个事件的过程客观审视向主观沉浸地演进。

从两者的艺术形式分析，电影在新媒体时代的环境下，电影所追求的也不仅仅是单一的结果性艺术，而是加入了观念元素的过程性艺术，传统影像艺术形式：作者—作品—受众。在这种形势下，其艺术的传播效率较低，大多归于单向传播。而数字影像装置艺术形式：发起—呈现—参与，这就需要与观众进一步结合，并且观影渠道具有交互性改造的潜力，这一点与影像装置的初衷不谋而合，诠释了观众的体验不仅来自屏幕"造梦"，更源于对梦的拆解与重构。交互性体验的影像艺术在呈现方式上更倾向过程性艺术而非结果性艺术，也出现了许多作品。例如，复旦大学上海视觉艺术学院新媒体艺术学院院长胡介鸣教授的《睡眠时刻》，就是影像、数字技术、观众以及表演结合为一体的视觉作品。正是这些带有突破性与实验性的视觉作品使得电影艺术与影像装置艺术得到了进一步结合，不仅填充了电影形式从而也使得电影的形式得到了更好的延展。

3. 电影与新媒体——竖屏电影与桌面电影的发展

伴随着现代科技的不断发展，用户设备的使用习惯也发生了相应的改变。在电影诞生之初，画面的尺寸以横屏为主。人眼的生理结构为横向，早期的电影画面尺寸符合大众的观看习惯。随着移动设备的不断普及，以及时间利用的不断碎片化，大众更偏向于利用移动终端进行碎片化的视频获取。近年来，短视频类软件的爆火也越来越证明了大众观看视频的习惯潜移默化地发生了改变。因此，催生出一种新的电影形式——竖屏电影。例如，华为的宣传片《悟空》

的出现。竖屏电影的发展也预示着一种新的叙事结构与画面结构的出现。①

计算机技术的不断发展与普及，大众对于电影的沉浸感要求越来越高，但是沉浸感的电影一般对于设备的要求较高，因此也延伸出一种新的电影形式——桌面电影。② 桌面电影以一种利用界面叙事的方式来讲述电影。桌面电影的叙事主要依赖于界面中聊天软件、社交软件、视频软件的推进。用户在观看电影的时候，有一种分不清是电影还是自身操作的错觉，具有较强的沉浸感。桌面电影近几年的发展也较快，出现了较多优秀的作品，例如，《网络谜踪》和《解除好友2：暗网》。不论是竖屏电影还是桌面电影的出现都预示着新媒体时代电影迎来了多元化的发展。

（二）新媒体时代下电视艺术的创新

近年来，基于新媒体时代，电视艺术得到了进一步发展。

一是利用广播电视网络、互联网电视等新媒体使电视节目在网络上得到二次传播。如中央电视台电影频道开办电影网，设立了"电影资讯"栏目。该栏目由影片资讯、影星资讯和影片评论三大部分组成。而"影片数据库"栏目里包含了环球新片、怀旧经典、电影频道出品电影三大类，以及动作、爱情、科幻、冒险等28小类。依靠电影频道强大的电影资源库，电影网拥有4 000部以上的国产影片版权。其旗下的"高清影院"栏目目前可以提供1 500余部正版高清影片供用户在线免费观看，并以每天1部、每月30部新片的速度更新。在电影网上，用户不仅能够看到最新的电影，了解与电影相关的各方面资讯，还能通过微博、社区等虚拟空间进行交流。

二是开办网络电视台。所谓网络电视台，是指以宽带互联网、移动通信网等新兴信息网络为节目传播载体，将网络特征与电视特征融为一体的多终端、立体化传播平台，是新形态的广播电视播出机构，如中国网络电视台CNTV、安徽网络电视台等。其中，CNTV作为国家级网络电视播出机构，定位于公共信息娱乐网络视频平台，开办了新闻台、经济台、综艺台、电影台、电视剧台等10个频道。安徽网络电视台作为第一家省级网络电视台，以电视剧传播为主，影响较大。长期以来，电视剧传播一直是安徽电视台的一个强项。安徽网络电视台充分发挥安徽电视台这一母体的资源优势和推广体系，在电视剧方面做强做大，为用户提供以视频为核心的热剧、娱乐产品及资讯服务，力争成为中国热剧第一门户网站。据统计，除国家级网络电视台CNTV、城市联合网络

① 亓怀亮. 短视频创作与传播［M］. 成都：西南交通大学出版社，2021：61.
② 刘璞，胡瑞年，童德智. 网络动画设计与广告制作［M］. 武汉：华中科技大学出版社，2022：102.

电视台 CUTV 外，已有安徽、黑龙江、湖南、浙江、江苏、上海、四川、湖北、深圳、山东、山西、陕西、甘肃等网络电视台建成并运营。虽然传统媒体办网站有很多优势，但也要警惕一点，即必须摆脱传统媒体的影子，不能只是将原有内容换了一个表现载体而已，而应真正结合新媒体的特点，发挥传统媒体的资源优势。

三是与商业网站或垂直网站进行合作，实现同步播出，吸引更多拥有不同媒体偏好的观众。

第三节　新媒体与视像类文化艺术产业

一、新媒体视像类艺术

视像艺术泛指一切以高新科技手段为媒介的艺术，包括观念摄影、录像艺术、电脑数码艺术与 Flash 等等。①

自 20 世纪末开始，随着计算机技术和互联网络的迅速发展，人类经历了历史上第三次技术革命，从工业社会进入了数字化信息社会。数字化的产品被人类的日常生活所需求。同时也引起了数字化信息技术在人类生活各个方面的多重应用，在视像艺术上的应用尤其显著。

新媒体视像艺术，简单来说就是新媒体技术与视像艺术相结合，具体来说有两个层次的意义：一方面指的是互联网普及之前，数字技术作为设计过程中的辅助工作对视像艺术产生的各种影响；另一方面指互联网普及之后，图形、绘画、视觉设计等视像艺术内容以新媒体的数字、网络技术为载体，得到创作上的创新、传播上的推广、传达方式上的发展，形成一种新兴的视像艺术形式。

在实践中，关于"新媒体艺术"概念的理解有一个误区，即大多数人倾向于简单依靠作品的载体和传播手段来判断是否属于新媒体艺术的范畴，这是不科学的。因为从上述两层含义来分析，我们已经可以看出，并不是仅仅利用数字技术作为载体就可以称其为新媒体艺术。比如，我们利用扫描仪将传统绘画作品扫描到电脑上，再通过网络传播，使得更多人看到这幅作品的行为并不是我们这里所讨论的"新媒体艺术"。真正的"新媒体艺术"是经过反复推敲，利用新兴的技术手段，将个人新颖的创意和构思融入作品之中，再依托数

①　鲁虹. 中国当代艺术史 1978-2018 ［M］. 石家庄：河北美术出版社，2021：186.

字技术和网络技术的载体功能加以传播的艺术形式。

相对于传统视像艺术形态来说，新媒体视像艺术有着其特立独行的一面，其特点主要表现在以下几个方面。

1. 视觉效果的逼真性

视像艺术是真实生活的艺术写照，是经由人类的生理器官——眼睛的感性认知，通过智力的加工，再以各种媒介的形式表现和反映出来的。视像艺术，从一出现就注定以逼真性为其首要的特征，也以追求逼真性为首要的目标。这里所谓的逼真性有两个方面的含义：硬逼真和软逼真。硬逼真指的是视像作品与视像对象在外部形象上的精确一致，而软逼真指的是视像艺术的反映形式对视像对象内在精神的把握和重现。硬逼真是我们对真实世界的第一印象，其完美度直接反映了人类认识世界的水平；软逼真则是视像作品价值的体现，其再现的方式为人们更深层次理解视像对象创造条件。

新媒体视像艺术借助摄影、录像、计算机、数字网络技术等，首先在硬逼真的程度上达到了前所未有的完美度，从而也使新媒体视像艺术表现出了以往任何视像传达手段都无法企及的传播能力。现代摄影、录像技术可以完美重现视觉对象的种种细节，而计算机技术的应用还可以创作出源于现实又超越现实的幻想视像效果。

同时，人们利用灯光、录像装置、计算机技术的特殊效果，营造出了受众对于视像艺术的多维欣赏，视像艺术不再如传统绘画、雕刻、印刷品等仅能单纯从视觉阅读方面得到作品的价值信息，而是与听觉、触觉、味觉等多重官能相结合，达到一种多维度、全方位的欣赏感受。

2. 即时性

传统视像艺术多是"点到面"的单向线性传播，作品与受众之间的互动具有滞后性。新媒体视像艺术相较于传统视像艺术形态来讲，在欣赏过程中重视一种互动性，它的欣赏者同时也可能是作品本身的一部分，使得受众有一种身临其境的感觉。现今最典型的互动视像艺术形态就是网络游戏，它继承了传统影视利用声音和画面相结合的叙事方法，同时又对其中的人物角色、故事情节、行为任务、环境背景等进行了创新性的改造，使受众即玩家拥有丰富的选择机会，亲自经历开放的故事情节，并参与创作和实践。这种能够在与虚拟对象互动过程中，受众由被动接受变为主动参与并同时体验到文化创造愉悦的视像艺术形式一经出现就受到大众的青睐。

3. 新媒体视觉传达的个性化和共享性

由于新媒体技术的普及，视觉艺术的创作和传达变得更加便利，并且可以通过多种多样的形式来表达个人最深刻的意志和话语意图。出于人性的本能，人们总是希望在群体意志中发出自我的声音，于是数字网络成为视觉传达最得力的战场。

一方面，互联网环境的虚拟化、民主化以及非物质化特征给予现代人极大的创作热情，人们运用新兴的数字技术将视觉艺术素材进行创意加工，创作出了五光十色的视觉体验和视觉冲击。全国各大视频网站如优酷、爱奇艺等都有专门的"原创"频道，其中展示的作品就是人们利用各种新媒体技术对视觉对象进行的创意再现。另一方面，网络数字影像的公共性使得人们可以通过多重客户端对资源进行下载，实现对素材的即时复制、仿拟、涂抹、戏谑、删改、解构与重新阐释，充分凸显了新媒体视像艺术的共享性，而这种充分的相互交流也极大地促进了个人主观意志的抒发，从此意义上，我们也可以理解为新媒体视像艺术互动性特征的充分体现。

4. 数字视像的多维感官体验

新媒体与视像艺术的结合最重要的作用就是使视像艺术变得更加鲜活。我们现今被各种新媒体视像艺术震撼，主要原因就在于这些视像作品给予我们全方位的视觉冲击。从电影的出现开始，新媒体视像艺术的形式经历了电影、电视、光盘、网络艺术等一系列媒体形态的丰富，不管是哪一种媒体形态，都不是单纯的传统二维平面传播，而是融合了文字、图像、视频和声音为一体的"多媒体"。这种结合将传统的、分离的各种信息传播形式有机融合在一起，进行整合、处理、传输和显示，使得视像艺术表现和传达的形式、范围得到了显著扩展。

二、新媒体时代下视像类文化艺术产业的创新

（一）新媒体时代下沙画艺术的发展

随着新媒体时代的发展，沙画打破了学科之间泾渭分明的界限，与文学、绘画、摄影、音乐、表演、舞台、影视、光影等多元多层多变量因素构成了动态系统，它的艺术视野、造型手段、传播方式和刺激作用得到了强化与拓展。艺术手中的沙子随音乐和画面情节一收一放，一泼一撒。沙画艺术的多元性给大众带来了更强的交互性和想象性，使大众获得了与以往截然不同的视觉体验，挖掘出了中国传统文化的新元素，传播了具有时代性和正能量的审美取向价值思考。

同时在沙画全新艺术表现中，一方面弘扬传统文化精髓，另一方面融合了广告、动画、影视等学科内涵，借助舞蹈、音乐、旁白、光效等形象从视觉、精神上让人获得感官享受，愉悦观众。这种多元化的沙画艺术与新媒体之间的

渗透互补、融合发展促进了沙画艺术向专业前沿发展，追求新的、符合时代特征的画面效果。

沙画艺术的传播离不开新媒介，沙画艺术作品都可以以视频影像的形式在各媒介传播。互联网、手机微信微博、QQ 群、电视电影、车载、户外广告屏等媒介都为沙画艺术的传播提供了便利的舞台。例如，当前流行的抖音视频可以快速地将视频分享到朋友圈、微博、QQ 空间，以提高点击率的方式来吸引众多粉丝。根据受众对沙画艺术的点击关注，及时地产生了信息反馈。通过这样的信息交流方式，使沙画艺术的信息量得以扩展，为沙画粉丝与沙画艺术创作者之间的交流提供了平台。同时，扩大沙画艺术的受众面，让更多的人了解沙画艺术，从而传承与弘扬沙画艺术。

（二）新媒体时代下绘画艺术的传播

传统的绘画时代，绘画的观赏被很多条件所限制，比如，金钱、距离甚至是天气等原因，可是今天的新媒体却运用新的展览和观看方式改变了这种状况，为绘画艺术的传播打开了新的渠道，扩大了它的影响力。互联网借助于新媒介，提供了更加便利的渠道，同时为绘画的传播开辟了一片新的天地。传统的绘画传播大部分借助于绘画展览或者专门的书籍，乃至人们之间的交流，这些局限性太多，并不能突破地域、时间、空间的阻碍。绘画展览借助展览馆或者艺术家的绘画室为场地，人们需要在特定的时间才可以进行观赏和学习，而且许多价值连城的名作不能够公之于众，人们只能靠听说或者观看赝品的方式来满足自己的需求。书籍的保存时间有限，而且容易破损，携带并不是很方便，造价不菲，在当时并不是所有人都能够承担的。而流传速度最快的人际传播，很有可能带有主观色彩而影响了一幅好的绘画作品的传播和影响力。于是需要以更快更准确更廉价的方式欣赏绘画作品，改革展览方式和观看方式才能极大地促进绘画艺术的传播。于是越来越便宜的新媒体器材和日益发达的互联网技术为绘画作品的展示提供了另外一种可能性，普通民众可以以小型电子设备为媒介来满足自己对于绘画作品的详细了解和认知需求。

互联网的使用为网络美术馆的发展提供了机会，网络上开始慢慢地出现了很多艺术画廊。"第一个真正的网络美术馆"是一个网络画廊，是莫斯科的网络艺术家奥里亚·利亚利纳制作的一个巨大的网页，一张常绿树木的图片布满了整个网页，作品集中在整个网页右边较低的部分，而 11 个功能菜单则分布在网页左侧的顶部，当点击左上部的感应区时，画面会由左上角移向右下角，最终停在相关作品上。这样的参观方式是一种彻底的革新，为绘画这种传统的高雅艺术走向大众化开启了大门。网上除了专门的个人网页展示绘画作品之外，也有很多绘画作品的网络展示，人们只需要在电脑前轻轻地点击就可以看到相关的绘画作品，不用考虑场地和时间的限制，这些作品可以一直挂在这些虚拟的场馆中，极大地扩展了绘画作品的影响力。现在很多世界级的艺术殿堂也纷纷在网上构建了自己的虚拟博物馆，它们尝试使用相关技术实现异地欣赏同步化，比如，人们可以不去法国的罗浮宫却一样可以在网上欣赏陈列于里面的许多传世之作。这样的传播方式不仅满足了人们对于绘画作品的欣赏欲望，也为这些大师的作品流传于世做出了贡献。

网上信息传播速度快的优势提高了绘画传播的时效性，在一个讲究效率和速度的时代，这样的快速传播无疑也是优势之一。比如，2010 年兴起的微博，这种以微信息为主要传播内容的传播方式，大大地提高了传播的速度，一幅绘画作品可以在很短的时间内被成千上万次地转载、评论，这种高速的传播手段必将为绘画作品的传播提供了良好的平台。

复制粘贴功能的海量制作能力也为绘画艺术的扩大传播提供了条件。简单的复制大大地缩短了临摹一幅作品的时间，这样的简单制作促进了许多顶级绘画作品的广泛传播，而且相关信息的链接可以马上搜索出来，一幅作品的作者、由来、作画过程、历史背景、对绘画发展的影响等，都可以进行全面的了解。

第四节　新媒体促进文化艺术产业发展的对策

一、增强新媒体经济与文化艺术产业之间的粘连性

数字娱乐产业实质上就是那些借助数字技术为人们提供娱乐性服务内容的产业，其在现代文化艺术产业中表现出较强的创新性，对高端技术也是极为依赖的，并且直接融入现代人们的日常生活；在带动相关行业产品的发展与运营方面也体现出较强的实效性。总之，数字娱乐产业作为经济增值幅度最明显、"潜力股"的文化产业，在推动"链化发展模式"这一文化产业形态方面发挥着巨大的功效。

二、利用新媒体打造全民性的创新气氛

首先，最大限度地凸显自媒体的优势，使民间创意渗透进文化产品发展的进程中，这就需要网络平台的搭建，以实现民间创意文化广泛而迅速传播的目

标；同时，调动大众群体参与文化创新的积极性，此时"无价"的文化创新要点能够通过新媒体平台转型为"有价"的产品。

其次，在 IT 技术不断发展与更新的进程中，多样化的网站类型在互联网平台上得以衍生，这些网站成为创新型人才思想观念碰撞的耦合剂，人们各种文化理念、价值观念实现了相互摩擦的目标，有助于多元文化的发展与传递。

第三，新媒体也可以被视为文化艺术产业在创新发展的征程中各环节顺畅传递的粘连剂。这主要体现在以网络为依托的电子商务产业的运营与发展上，它们产品营销的目标不仅是将产品卖到客户手中，还为顾客提供了网上交易及网上管理等全方位的服务项目，具有对广告宣传、咨询商谈、网购、支付宝付账、电子账户、建议征求及交易管控等多元化的功能。上述功能的具备，使电子商务这一类型的文化产业实现了创新发展的目标。

此外，虚拟型全球性贸易环境的建设健全，在提升商务活动的水平、效率和服务质量等方面也起到了正面的效应；当然也在拓宽电子商务产品的宣传半径和影响力、节省了文化艺术产品的造价成本，达到了开源节流的目标。

三、推动文化艺术事业向文化艺术产业转变

我国长期以来把文化作为事业来看待，形成了文化事业管理体制。文化体制改革的出台，开始了由"事业模式"向"产业模式"的重大转变。这场变革从根本上改变了传统的文化艺术观念，文化艺术走向了产业化发展道路，面向市场，成为国民经济增长的重要力量。把文化艺术作为产业来对待，不只是概念的不同，提出文化艺术产业概念意味着要把文化艺术作为一种经济资源来进行配置和经营，文化艺术产业要按产业化组织方式运作和经营，要建立社会化的分工协作体系，要讲究规模效益，要提高投入产出效益，要提高产业的市场占有率和竞争力。这种认识远远突破了传统文化艺术产业的界限，一方面，它可以与传统第一、第二产业嫁接，并使后者的内涵扩大；另一方面，它自身的发展又可以催生出新的边缘产业。比如，文化产业与新媒体的结合，既催生出新媒体文化艺术产业新军，又激活了传统文化艺术产业的生命活力。

20 世纪 90 年代以来，我国文化艺术产业已发生了重大转变，越来越成为第三产业中最富现代意义并与高科技发展结合最紧密的产业。受到数字技术的带动和影响，现代文化艺术产业建立在大规模复制技术之上，具有最广泛的传播功能，与信息产业相关的文化艺术产业将成为引领文化艺术产业结构升级、提升文化艺术产业综合竞争力的主要力量，成为带动第三产业，以至于带动整个国民经济发展的战略性主导产业。特别是近年来，通信、广播电视和视听电子产品数字化的快速发展，带动了我国相关文化艺术产业的发展。传统的大众

传媒也在向信息产业靠拢，传统的音像业也正在迅速地进行技术升级。所有这些变化从根本上改变了大众娱乐形态，反过来为信息产业发展创造了一个又一个新兴的文化市场。

我国文化艺术产业已成为与新媒体信息产业互为条件、相互促进，对国民经济发展全局具有重大带动作用的战略性产业。这种战略地位主要体现在三个方面：一是它广泛地渗透到其他产业，使其成为不可缺少的经济资源和生产要素；二是它在国民经济或综合国力构成中的比重日益突出，使其具有战略地位；三是它与高科技结合具备了产业先导的品质，使其具有产业发展的战略带动力。

目前，人们对文化艺术产业这一概念还存在着一种误解，以为只有推向市场的文化艺术部门才是文化艺术产业，靠国家财政支持的文化艺术部门不是文化产业。其实，所有文化艺术部门都属于文化艺术产业。正如工农业的产业性是由工农业生产出工农业产品证明的，并不以工农业产品必须在市场上出售为条件的。所以，第三产业的产业性不是以是否实行市场化经营为标志的，文化艺术部门是否市场化与文化艺术部门是不是文化艺术产业也不是一回事。

四、创新文化产品形象

开辟新媒体艺术在文化产业发展中的良好前景，促进文化艺术产业与新媒体的有机融合，首先要充分借助新媒体艺术科学加工文化产品，不断提升文化产品形象。就拿影视文化行业来讲，促进影视文化产品与新媒体的结合，推动影视行业的发展，则需要借助新媒体艺术做好影视作品的剪辑工作，科学把握影视剪辑节奏，依次处理好字幕、画面、视频和配乐等素材的组接工作，通常，使用动静结合法组接各种素材方能准确把握影视剪辑节奏。需要注意的是，在组接视频时，编导应该科学地剪除视频中的起伏部分，处理好起伏段和落幅段之间的关系，以此维护动态视频的流畅性，提高影片艺术效果。在剪辑静止主体的过程中，编导要综合分析画面之间的线条因素、连接关系与逻辑关系，这样有助于维护画面的整体性效果。在剪辑字幕时，要确保字编辑与视频动态的一致性，避免音配像失控。在剪辑音乐时，编导要注意保持音乐和影视作品播放的和谐性，赋予影视作品的音乐节奏美。

第七章　新媒体与视觉传达设计

新媒体是数字技术发展的结果，信息依托于媒介进行传播的过程中，视觉设计是当今追求个性化的时代下必不可少的一个环节。不同于传统媒介，新媒体环境下的视觉传达设计具有了崭新的面貌和特征，也开辟了新的发展道路。本章主要阐述了新媒体与视觉传达设计的相关知识。

第一节　视觉传达设计概述

一、视觉传达设计的概念

视觉传达设计（Visual Communication Design），是为了创造性地构成并传达视觉信息所做的设计，通过视觉媒介表现来完成传达信息的目的。它是对视觉环境进行管理、构成，并以综合的立场创造出与人类最为匹配的视觉传达的创造性活动。视觉传达设计以眼睛为主要的信息载体，进行造型的表现性设计，视觉传达设计源于平面设计，随着印刷技术的发展，欧美等国家在 19 世纪中叶出现了为平面印刷服务的平面设计师群体（印刷美术设计、图形设计）。这就是现代平面视觉传达设计领域的先导设计群体。1960 年，在日本召开的世纪设计大会上，提出了"视觉传达设计"的概念。

随着社会科技的发展，视觉传达设计拓展到多个领域（互联网、IT 行业、会展事业、环境空间、影视广告、三维动画、商业广告等），形成相关产业链（电脑、电脑设计软件、数码喷绘的硬件及耗材、视频设备与技术、互联网和 IT 行业的传送技术等）。

视觉传达设计所具有的含义是：以某种目的为先导，通过可视的艺术形式传达一些特定的信息到被传达对象，并且对被传达对象产生影响的过程。①

---

① 吕青. 版画技法与视觉传达艺术研究 [M]. 西安：西安交通大学出版社，2017：72.

视觉传达设计主要是以文字、图形、色彩为基本要素的艺术创作。在精神文化领域以其独特的艺术魅力影响着人们的情感和观念，在人们的日常生活中起着十分重要的作用。很多人认为艺术设计（视觉传达）就是"平面设计""图形设计"，这样的认识有局限性。虽然视觉传达设计最早源于"平面设计"或"印刷美术设计"，但随着现代设计的范围逐步扩大，数字技术已经渗透到视觉传达设计的各个领域，多媒体技术手段对艺术与设计的影响和参与也越来越深。

二、视觉传达设计的特征

（一）时代特征

视觉传达设计是通过视觉媒介表现并传达给观众的设计，体现着设计的时代特征和丰富的内涵，其领域随着科技的进步、新能源的出现和产品材料的开发应用而不断扩大，并与其他领域相互交叉，逐渐形成一个与其他视觉媒介关联并相互协作的设计新领域。在时代飞速发展的今天，在视觉设计领域，一切艺术形式如服装设计、平面广告设计、环境艺术设计、商业摄影、企业形象设计等，都在使用着视觉符号；它可以是具象的，也可以是抽象的；它可以是图形，也可以是图像；它可以是严肃的，也可以是轻松的；它甚至可以具有人类的表情，可以展示人与自然的和谐状态。作为重要的设计要素，今天的视觉设计师已经越来越重视"视觉符号"产生的设计效果了，把握设计风格、提高造型效果、增强视觉感染力是时代对设计师的必然要求。

（二）商业特征

视觉传达设计是为现代商业服务的艺术，主要包括标志设计、广告设计、包装设计、店内外环境设计、企业形象设计等方面，由于这些设计都是通过视觉形象传达给消费者的，因此被称为"视觉传达设计"，它起着构建企业—商品—消费者桥梁的作用。

（三）无国界特征

视觉图像具有超越国界和语言障碍的得天独厚的优越性，是一种能够直观传播信息、交流思想的特殊语言形式。另外，人们在某些设计中要特意采用国际通用的视觉表现形式。在精神文化领域，视觉传达以其独特的魅力，影响着人们的观念、情感和意识。视觉传达以其超越民族、文化、地域的独特形式，对现代社会的发展起到了不可估量的作用。①

（四）互动性特征

在信息高度发达的时代，最流行的沟通方式无疑是新媒体所创造的互动沟通方式。这些先进的技术、先进的设备、先进的研究方法和手段，为设计师观察事物的角度和思维方式提供了不断延伸和扩展的机会。同时也为展示自我，体现自身在社会中的存在价值提供了手段。在信息化时代，单一方向的传达方式已显陈旧，信息的传达者与接受者之间的互动成为新的视觉传达设计的研究课题。视觉传达者应能充分考虑受众的多方面需求，提高受众的关注度，诱发互动行为。今天的视觉传达，融合了众多的学科，成为一个具有时代性和社会性的崭新行业，它渗透到政治、经济、文化和生活的各个领域。

三、视觉传达设计的要求

（一）运用视觉符号

视觉传达设计的呈现与视觉符号的合理运用密切相关，其能将现代新型的创新设计理念与多种多样的视觉符号进行有效结合，从而达到刺激大众视觉的效果，吸引住大众的眼球，促进视觉效果的形成。而要做好视觉传达的艺术设计工作，就需要合理利用生动的形象，激发出人们对新事物的好奇心，引发受众的关注兴趣，视觉符号的运用就能有效达到这一点要求。它通过对色彩的合理分类和重组，通过创新理念的运用，让人们在感受到视觉兴奋的同时，更易牢记其中传达的重要信息。

（二）做到低碳环保

现阶段，低碳生活已深入人心，并已成为现代生活的发展趋势。在视觉传达设计中，工作人员应积极响应社会的发展规律，崇尚低碳环保理念，做到节约资源，并在艺术设计中融入人性化与科学技术，促进视觉传达作用的发挥。同时，视觉传达的设计师应科学合理地运用一些技巧，通过视觉传达设计工作的开展将低碳环保节约理念在作品中体现出来，让大众在获取信息的同时，也能对低碳环保理念进行深入了解，从而促进低碳环保理念的传播，让受众在日常生活中也能贯彻并实行低碳环保理念。

---

① 柳瑞波. 品悟视觉传达设计［M］. 长春：吉林美术出版社，2019：23.

（三）注重绿色设计

绿色设计的出现与低碳环保理念相协调，其关系着社会大众的切身利益，影响着人类社会的健康发展，在促进社会的发展前进中发挥着重要作用。绿色设计的使用能有效解决视觉传达设计中产品外观与内容存在的各种环保问题，让设计者在开展设计工作时关注环境保护，并将人与自然、生态平衡以及环境保护等问题融入艺术设计中，在有效解决这些问题的同时，给予大众一个绿色化的生活环境。

（四）注重人与自然

随着信息技术的不断进步，视觉传达设计获得了良好的发展契机。视觉传达设计工作的开展，能通过多种传媒手段的使用对人、社会、自然三者之间的关系进行处理，在利用视觉传达手段来实现人、社会、自然之间沟通交流的同时，也让人们对大自然的美好有了更为直接的感触。从而抓住广大受众的眼球，引起受众的关注。同时，将各种媒介与视觉信息进行完美结合，能够增强视觉信息的传播效果，让更多的人对人与自然界相互依存的关系进行了解，从而向大众呈现出设计作品的理念，引起广大受众的共鸣。

第二节　新媒体技术对视觉传达设计的影响

一、设计空间由二维平面向多维空间转变

传统的平面设计中大多数的设计作品都是在二维的平面空间中完成的，通过对设计要素的二次加工和重新组合，以求达到传递信息的目的。主要的设计元素包括文字、图形和色彩，设计范畴包括文字设计、图形设计、图案设计、编排设计等等。在新媒体的背景和影响下，二维的空间已经不能满足市场和欣赏需求了，为了能够尽可能地吸引观赏者的注意力，进一步提高信息传递的效率，对视觉传达设计工作者提出了更高的要求。在当下很多的设计行业的从业者或者设计师设计侧重点已经开始从二维的平面设计向三维或多维空间转变，研究方向包含了平面空间的分割，纵深空间的视觉效果和关系，甚至于时间的概念等等。例如，在很多户外广告的设计中，不再是单一的平面展示，更多的是立体空间的展示效果和视觉感受。错位空间、空间的延伸、不同时间段的视

觉效果组合、运动轨迹的展示等等。三维空间的作品与二维空间的作品相比较而言，对于受众群体而言更具有视觉吸引力，信息传递的能力更强，观赏者对于看过作品后的记忆和思考周期更长。

二、静态设计向动态设计转变

平面设计作品在新媒介出现之前，几乎绝大多数的设计作品都是静态的，曾经有很多的设计工作者都希望自己的作品能够从静态转变为动态作品。新媒体的出现为这一想法的实现提供了有力的技术支撑。同时，现在的传播媒介从过去的纸媒已经过渡到数字媒体传播，电脑 PC 端、手机移动随处可见，传统的静态纸质媒体已经不能满足市场和社会的需求了，动态设计已经成为一个发展的必然趋势。动态设计的出现和广泛使用为受众群体注入了新的活力，大量静态信息遍布大街小巷，长期的视觉疲劳急切地需要新的表现形式出现。数字媒介的普及为动态设计提供了基础设施和硬件支持，在吸引受众者注意力的同时，能够在相同的时间或较短的时间内传递更多的信息，传递过程更加生动，可用的艺术手法更加多元化。同时能够让传统的设计领域焕发新的魅力，例如，在当代有大量的手机游戏，登录界面的 LOGO 展示从过去的静态画面经过加工和二次设计后转变为动态动画，大大降低了消费者对于广告的抵触心理，增加了趣味性和亲和力。不仅仅是 LOGO 的应用，海报、杂志、书籍、包装、网页设计等领域都已经在广泛地使用动态设计产品。

三、物质性设计向非物质性设计延伸

媒介的出现，让设计的承载物有了质的转变，传统设计对于印刷技术和承印物非常依赖，这样就会出现一些问题，承印物在印刷的过程中对于设备和工艺有较高的要求，如果工艺、设备、承印物不能达到设计要求，设计产品的展示效果就会大打折扣，同时也会造成生产材料的浪费和制作成本的提高。但是新媒体的出现很好地解决了这一问题，大多数的设计产品不需要通过承载物来进行实际生产，在传播媒介上可以进行虚拟展示，设计产品可以最大化地再现设计效果，同时展示媒介可以多次反复使用，不会造成浪费的同时大大降低了成本。在设计过程中也为修改和反复调整提供了便利。在信息时代的大背景下，计算机作为工具投入设计中，视觉传达设计的一个新的发展领域具有虚拟、数字化的特点。以信息设计为主，是艺术与科学进一步结合的产物。

四、走向多感官信息传递

视觉传达的概念在新媒体的环境中被扩大化，"视觉"成为一个广义的概念，设计作品不再单单是对眼睛的刺激，在受众群体观看作品时，综合体验被融入整个作品体验的过程中。视觉、听觉、味觉、嗅觉、触觉等人体所有的感觉根据设计诉求和不同的产品特点，被设计师通过新媒体组合在一起，观赏者能够在整个体验的过程中获得更加直观、生动和立体的感受经验，多种信息综合，对于设计作品的接收更加全面。信息化社会的发展，信息传递速度的加快，人的眼睛能接收的信息是有限的，视觉疲劳后信息接收率会大大降低，同时也会产生大量的无效信息传递。所以说，视觉传达设计的又一发展趋势是超越视觉，走向多感官传达。为了提高信息传递效率，可以在视觉传递的模式中适当加入其他感官信息，来辅助完成信息的传递。①

五、表现的手段和语言的拓展

第一，在新媒体信息时代背景下，其所传播的信息本身已经具备了视觉传达的功能。② 在实际应用过程中，其可以提供大量的信息内容，信息内容的丰富度很高，能够满足不同用户的不同需求。同时表现手段也在增加，从最初的文字、图片、影像转变为虚拟成像、真实投影等技术，满足了大众对于艺术方面的追求需要。第二，在语言拓展方面，新媒体信息的应用，可以对数据信息进行精简处理，并且随着声调的不断变化，可以帮助受众进行场景联想，从而提高整个设计画面的灵动性。

六、传播效果的增强

在新媒体时代，视觉传达设计对传播效果的增强起到了重要作用。以下是视觉传达设计在传播效果方面的发展影响：

第一，提高信息传递效率。视觉传达设计通过利用图像、图表、图标等视觉元素，能够更加直观而有效地传递信息。与文字相比，图像更易于被理解和接受，能够更迅速地引起用户的兴趣并向其传达核心信息。

第二，提升分享传播效果。视觉传达设计能够创造引人入胜的视觉内容，增加用户的分享欲望和传播力度。优质的设计作品更容易在社交媒体上引起用

---

① 侯杰. 新媒体对视觉传达设计的影响 [J]. 传播力研究，2019 (22).
② 贾学松. 情节叙事的视觉信息设计研究 [D]. 杭州：浙江农林大学，2017.

户的转发和评论，进一步扩大品牌或信息的传播范围。

通过以上影响，视觉传达设计在新媒体时代中能够增强传播效果，使品牌或信息更易于被用户发现、记忆和传播。这将有助于提升品牌的知名度、影响力和市场竞争力，同时也能够更有效地传递各种信息和价值观。

七、社会影响力的扩大

在新媒体时代，视觉传达设计对社会影响力的扩大起到了推动作用。以下是视觉传达设计在社会影响力方面的影响：

第一，社会话题的引导。优质的视觉传达设计作品能够以其独特的视觉效果和创意引起人们广泛的讨论和关注，使其成为社会话题的焦点。这些作品可以通过图像、插画、海报等形式，传达社会问题、价值观念或态度，引导公众对特定议题的关注和讨论。

第二，文化多样性的展示。视觉传达设计能够促进不同文化之间的理解和交流，通过在设计中融入各种文化元素和符号，视觉传达设计作品能够展示和传达不同文化背景下的独特视角和价值观，增加社会对多样性的认知和尊重。

第三，社会问题的关注和呼吁。视觉传达设计可以用于传递社会问题的信息和呼吁行动，通过设计作品，可以引起公众对环境保护、人权、社会公平等问题的关注，并激发人们采取积极行动来解决这些问题。

通过以上影响，视觉传达设计在新媒体时代中能够扩大社会影响力，引导社会话题的讨论，推动社会问题的关注和行动。这有助于增强公众对社会议题的意识和理解，促进社会的进步和变革。①

八、用户体验的提升

在新媒体时代，视觉传达设计对用户体验的提升起到了至关重要的作用。以下是视觉传达设计在用户体验方面的发展影响：

第一，吸引和留存用户。视觉传达设计通过吸引人眼球、提供愉悦的视觉感受和引起兴趣的设计元素，能够帮助品牌或产品吸引用户的注意力，并增加用户的留存率。

第二，简化和优化界面。视觉传达设计在用户界面设计中更注重用户操作的简化和优化。通过清晰的布局、直观的导航、易于理解的图标和符号等设计

---

① 郭启民，刘军迪，雷兴福，刘刚. 新媒体时代下视觉传达设计的创新与发展［J］. 艺术品鉴，2023（32）.

手法，使用户能够快速而轻松地完成任务，提高用户的满意度和使用效率。

第三，提供一致性的品牌形象。在不同平台和渠道上，保持一致的品牌形象和设计风格，能够提高用户的信任感和品牌的可信度。用户在不同场景下都能够识别并感受到品牌的一贯性，增强用户对品牌的认知和忠诚度。

第四，创造情感共鸣。视觉传达设计通过色彩、图像、排版等元素的选择和运用，能够创造出与目标用户共鸣的情感氛围。通过呈现符合用户喜好和价值观的设计，提升用户对品牌或产品的情感认同，增强用户体验的愉悦感。

第五，增加互动性和参与度。视觉传达设计在用户界面中引入互动性元素，如动画、微交互等，能够激发用户的兴趣和参与欲望。用户可以与设计进行互动，获得更丰富的体验和积极的参与感。

通过以上影响，视觉传达设计为用户提供了更好的使用体验，增强了品牌与用户之间的关系。用户体验的提升有助于吸引更多用户、提高用户满意度和忠诚度，并在新媒体时代中获得竞争优势。

第三节　新媒体时代下平面广告视觉设计的发展

一、新媒体时代平面广告视觉设计的特征

（一）广告内容互动化

在进行新媒体广告设计时，设计师要充分发挥出新媒体的互动性，充分满足受众的需求。在新媒体的支持下，传统的平面广告设计理念发生了很大的变化。在传统的信息传播模式中，受众往往被动接收相应的信息。在新媒体的影响下，受众不仅可以主动选择信息，还能对信息进行加工和发布。由此可见，广告设计人员要考虑到新媒体时代受众需求和信息接收方式的变化，积极与受众建立紧密的关系，构建全新的交互式结构。在这一环境下，受众的主体意识将会不断增强，越来越多的人将不再继续被动地接收相应的信息。基于此，广告设计人员要充分结合受众需求的变化，为受众带来良好的信息，使其能够拥有丰富的信息体验。要考虑到受众的反馈意见，打造轻松愉快的互动模式，这样不仅可以使广告给受众留下深刻的印象，还能有效激发受众的购买欲望。

（二）视觉表达个性化

随着互联网技术和数字媒体技术的蓬勃发展，新媒体平面广告的市场规模迅速扩大，越来越多的青年人对充满时尚气息的广告设计倍加青睐。在这些广告的影响下，许多人开始追求个性化产品。因此，广告设计人员要充分考虑到消费者的需求，积极对产品进行宣传。设计人员可以充分发挥出现实技术的作用，为消费者构建恰到好处的虚拟情境，并利用特殊的技术手段打造逼真的视觉特效，搭配具有节奏感的背景音乐，为观众带来强大的视觉震撼。在平面广告设计中融入先进的新媒体和虚拟现实等技术，不仅能够将现实空间与虚拟空间进行有效对接，还能提高视觉表达的个性化水平。

（三）广告设计科技化

随着新媒体技术的蓬勃发展与平面广告设计理念和设计手段的改变，广告设计正逐渐朝向科技化方向发展。广告设计人员不仅会融入全新的创意，还会在设计中穿插先进的互联网技术和数字化技术，给受众带来全新的体验。在新媒体时代，广告设计人员积极对视觉设计效果进行创新，不仅可以进一步提高信息的传输速度，还能更好地激发广大消费者的购买欲望。比如，手机媒体广告、电梯广告和楼宇广告早已与人们的生活融为一体，广大群众能够随时随地观看，这充分体现了高科技所带来的便利条件，更能从中获得关键信息。广告设计师也可以利用计算机技术开展矢量图设计与制作，合理调整色彩和面积等相应的技术参数，确保图形具有强烈的时代气息。①

二、新媒体时代平面广告视觉设计的表现形式

（一）表现形式动态化

传统的平面广告设计多是以静态或者固态的表现形式呈现出来的，海报、墙报等都是典型的平面广告设计方式，它们的媒体介质都是以印刷媒介为主的，仅仅停留在二维模式中。当然，这种平面广告设计方式在现在的生活中同样被使用，但是显然难以再满足人们更高的审美要求。随着新媒体时代的到来，平面广告设计从以往的二维和三维的框架中逐渐向更高的阶段迈进，为了呈现出更好的视觉效果，设计者利用现代信息技术，尝试着将更多动态化的元素融入广告设计中，使其在发挥基本功能（信息传达）的同时还能够给观众

---

① 郝静. 探析新媒体时代平面广告视觉设计与表现 [J]. 科技风，2022（33）.

带来新的视觉体验。事实证明，这些尝试是有效的。如在某汽车品牌的广告设计中，以感染力极强的音乐作为背景音乐，以汽车正在笔直公路上飞驰的身影出镜，伴随着背景音乐可听得见此类品牌汽车发动机良好的性能，配合靓丽的车身，画面灵动富有感染力，即使只是短短的几秒钟，却将视觉体验效果发挥得淋漓尽致。从整体广告效果的表现上来看，设计者调动了观众的视觉、听觉等感官体验，给他们留下了深刻的印象。

广告设计表现形式的动态化在该领域已经成为一种必然趋势，与此同时，平面广告设计也不仅仅局限于用视觉冲击与听觉享受去感染观众，同时还注重对观众的情感的调动，将抽象化的情感融入平面广告设计中，使得观众有所共鸣，他们既能够看得到也能够感受得到，广告的设计效果将会得到很大的提升。

（二）表现形式非线性化

以往的传统平面广告设计传达多是以直接的视觉接收的方式实现的，具有单一化、线性化的特点。在新媒体时代下，计算机互联网技术的发展为平面广告设计的表现形式带来了改变，设计者可以通过信息技术以及编辑手段，创设广告超链接，再通过其他平台将超链接传送到用户或者受众者可接收的页面中，受众者只要点开超链接就可以跳转至相关的网页获取有关的广告信息，既轻松又快捷。这种非线性的表现形式使得广告的视觉表现更加广泛和自由，打破了空间的限制，又不用过多地依托于实物，只要与现代媒体介质相互联系，就可以做到时时传送，由此也大大提高了人们获取广告信息的效率。

任何事物都有两面性，这种非线性的表现方式既有优点也有缺点，网络链接容易受到病毒的侵害，很多带有恶意的病毒也会以超链接的形式被用户所接收，只要一不小心点开链接用户的设备就会被攻击，这也是广告采用超链接进行传播需要提防的情况，尽量因避免病毒的伪装乱入而致使用户利益受到侵害。

（三）传输媒介多样化

广告设计的种类有很多，包括静态的报纸广告、动态的电视以及影视广告、绘声绘色的广播广告，还有新兴的超链接广告等，传输媒介多种多样，新媒体环境下其传播媒介又增加了不少。近年来，随着网民数量的不断增多，移动设备的使用量逐年上升，广告业看清了这个趋势，很多广告正一步步渗透进各种社交平台中。如腾讯 QQ、微信、微博、QQ 音乐等，以及大大小小的软件，只要登录或者打开软件，页面就会自动跳出各式各样的广告，或静态或动态，花样层出不穷。不仅如此，为了最大限度地开发我国移动设备用户这个庞大的市场，平面广告设计以手机作为一种广告视觉的表现形式，比如，小米手机，小米公司不仅将手机作为主打产品，它还将小米打造成一个产业链，衍生出多款产品。小米公司有自己的广告宣传平台，小米公司会不定期向使用小米手机的用户推送新上市产品。小米手机已然成为自家公司做广告宣传的重要途径。除了手机和各种软件作为广告传播媒介之外，还运用到了 4D 技术等黑科技，总之，平面广告的视觉设计及表现载体会更加丰富多样。

三、新媒体时代平面广告视觉设计的发展趋势

1. 灵活运用创新思维，广告设计和表现形式日益多样化

随着信息技术的蓬勃发展，各行各业若要实现自我突破与转型，就要积极进行创新，平面广告设计也不例外。目前，许多平面广告设计人员积极进行广告设计创新，摆脱传统的教条束缚，积极应用先进的计算机和多媒体技术，这样不仅能够丰富平面广告的设计形式和表现形式，还能激发广告设计人员的创新意识，发展其思维能力。设计人员无须花费大量的时间进行广告内容绘制，只需利用计算机技术就可以生成相应的内容，这样不仅能够节省大量的时间，还能使设计者有更多的时间寻找灵感，提高广告作品的设计水平，使广告更好地满足大众的需求。

2. 拥有更多创作可能性，广告平面设计效果更加理想

在新媒体时代，平面广告设计人员不仅会拥有更加开阔的思维，还能使用更加先进的技术手段进行广告设计，使空间编排更加丰富。在新媒体技术的支持下，设计人员能够运用自身灵感和丰富的创作经验进行广告设计，优化设计内容。广告设计人员要充分做到以人为本，坚持自己的创作风格，使广告作品更有灵气，雅俗共赏。

3. 传播媒介不断升级，广告设计视觉表达迈向立体化和多样化方向

由于各种技术的发展速度越来越快，广告设计师在进行广告设计时，要不断拓宽视觉表达方式。比如，在传统的设计模式中，许多设计人员倾向二维、静态的广告；在新媒体技术的支持下，设计人员要融入动态设计的理念，确保广告内容更加立体。不仅如此，设计人员还要充分利用新媒体的互动性能，使受众能够与广告进行充分互动，提高受众对广告的接受程度。

第四节　新媒体时代下视觉传达设计的创新路径

一、视觉传递方向的正确把握

在传统的视觉传达设计中，往往是通过单向的、由设计者将信息传递给受众的方式，进行一些图片或者文字信息的传递。但是，这种单单依靠文字和图片的信息传递往往不能够满足大众的需求。长此以往，会导致视觉传达设计遭遇发展的瓶颈期。在如今新媒体时代的大背景下，设计者应该追求创新方式的探索，找到能够解决以上问题的方法，正确把握视觉传达设计的方向，使受众更加便捷地进行信息的获取和传播。视觉传递的方式在这个时期不仅是单向的，更多的是通过各种行业的结合和互动，发展成一种交叉的信息传递模式。这种模式的产生很好地解决了信息单向性问题，同时也能够将视觉艺术中更为精华的内容通过更加丰富、有趣的形式呈现在人们面前。这对视觉传达设计的发展有很大程度上的促进作用，不仅使人们能够获取精神以及视觉上的享受，也推动了时代的逐步发展。①

二、融入以人为本的设计理念

融入以人为本的设计理念是新媒体时代视觉传达设计中的关键策略，旨在优化用户体验，满足用户需求，提高设计的可用性和可访问性。这一理念强调将用户放在设计过程的核心，深入了解他们的期望、习惯和需求，以确保设计不仅吸引人，还能满足实际用户的期望。以人为本的设计理念涵盖了许多方面，包括用户研究、用户测试、用户界面设计、可用性测试等。通过深入研究用户行为和反馈，设计师能够调整视觉元素、布局、交互方式，以使用户与内容更轻松地互动。这有助于提高用户满意度，进而减少用户流失，并增强品牌忠诚度。此外，以人为本的设计理念致力于确保不同人群都能够访问和理解设计。这有助于推动社会包容和公平，并为更广泛的受众提供有价值的体验。然而，以人为本的设计需要投入时间和资源，包括用户研究和测试，以及根据反馈进行持续改进。但它可以加深设计的深度，创造更具价值的用户体验，提高

---

① 张佳栋. 新媒体时代下视觉传达设计的创新 [J]. 参花（上），2019（5）.

内容的可访问性和可用性。这是视觉传达设计在新媒体时代的关键策略之一，有助于建立稳固的用户基础和增强信息传达的有效性。

三、多感官融合的互动设计

新媒体技术的飞速发展促使视觉传达设计出现了一种跨领域、多元化的发展趋势，且逐渐突破了传统的以视觉为主导的传播方式，将更多的注意力放在了用户的感知上。在传达信息的过程中，除了要遵循视觉层面的形式美法则之外，还要注意激发听觉、触觉、嗅觉等多种知觉的积极作用，建立全方位的体验交流，从而使受众产生一种新的人机互动感受。其中，新媒体技术支持下的多感官协作是促进视觉传达设计发展的一个关键手段。

现在，智能可穿戴设备已经引起了社会各界的广泛关注，比如，智能手表、智能手环、谷歌眼镜等。不少人在日常生活中都会佩戴的智能手表就是一个可以充分调动受众多种感知的设备，它的使用与用户的感觉息息相关。这种可以与人深度交互的设备会给用户带来全新的体验，可以将人们的锻炼、睡眠、饮食等信息实时记录下来，形成统计结果，并可以在 PC 端和手机上进行同步。在用户端，用户可以在界面上清楚地看到自己的各种数据。此外，画面表现也会随着用户感觉的变化而变化，从而产生一种特殊的观赏性。

多感官融合的互动设计也被广泛应用于展览等大型活动中。比如，在方太集团的多媒体数字体验中心，巨大的互动屏为观众带来了一种有趣的观看感受，其中的图形可分解而后自由组合在一起，以达到视觉上的 3D 效果。设计师首先借助一棵大树的形象展示方太的发展历程，然后以一个人的视角，向观众展示方太的产品、服务和文化。在留影区，观众可以通过大屏幕上的镜头留下自己的身影，这些影像也会被即时传送到一侧的照片墙上，寓意共筑温暖的方太大家庭。

在新媒体时代，基于视觉传达设计的信息表达方式已经变成了以交互体验为主。在新的历史时期，设计师必须充分发挥新技术的优点，把视觉表现与其他感官体验结合起来，让人获得全方位的、多感觉共存的交互体验。[①]

四、以趣味为核心部署设计内容

将趣味作为核心部署设计内容是一项引人入胜的视觉传达设计策略，旨在吸引观众并提高他们的参与度。在竞争激烈的新媒体时代，用户的注意力很有

---

① 龚凌宇. 新媒体时代下视觉传达设计的创新与发展研究［J］. 大观，2023（4）.

限，因此通过趣味性的设计来吸引他们成为关键。这种策略注重创意和娱乐性，旨在通过幽默、趣味、游戏化元素或非传统的视觉处理方式来传达信息。例如，品牌可以使用有趣的动画、虚拟角色、趣味性的交互方式，吸引观众的注意力。这有助于提高品牌的知名度，增加内容的共享和社交互动，使用户更容易与内容产生情感联系。然而，以趣味为核心的设计需要细心权衡，确保趣味性不会分散观众的注意力或使信息变得模糊不清。设计师需要考虑目标受众的偏好和文化差异，以确保趣味性的设计元素与内容的目标和情感共鸣相吻合。总之，以趣味为核心的设计内容策略可以在新媒体时代吸引用户，增强他们与内容的互动，同时提高品牌和信息的传播效果。这是一种强大的工具，用于在竞争激烈的媒体环境中脱颖而出，并建立深刻的用户连接。

五、充分发挥新媒体功能

新媒体视域下，要实现视觉传达设计的创新发展，推动二维平面表现向三维、四维立体设计转变是重要的一步。设计师应充分发挥新媒体功能，主动突破传统设计模式，使图片、文字等相互交织渗透，丰富用户的感官体验，创造出更震撼人心的设计作品。这种动态、静态有机结合的模式也能令人眼前一亮，给人更多的思考空间，从而得到更多的认可，进而实现视觉传达设计的多维创新目标。与传统的视觉传达设计相比，新时代设计更加强调在图文结合的基础上以简洁的版面呈现出高端的视觉设计，并使视频、音频等元素自然镶嵌，从而提高用户接受度，彰显视觉传达设计多样化、灵活性、动态化的特点。

六、互动性的视觉传达设计

新媒体具有很强的互动性，能促进人们的沟通与交流。在新媒体时代下进行视觉传达设计时，应该着重注意这种互动性的运用和表达。在这个设计领域当中很好地运用互动性这一特点，可以使用户与开发设计人员进行有效的互动，这样，在用户利用网络进行信息获取时，就能够快捷地找出自己喜欢并且想要获得的内容。同时，设计者也可以通过用户的浏览记录等信息获知他们的喜好，进而在以后的设计中着重突出用户所喜欢的方案，增加人们的认同感和情感体验。

视觉传达设计的互动性不仅是设计者应有的理念，同时也是用户需求的体现。如果在设计中仅仅注重个人设计方案，而忽略用户喜好和需求，那么最终设计出来的产品就会承担着不被认同的风险，导致信息不能得到有效的传播和扩展。设计人员通过进行趣味性的互动与用户建立良好的沟通渠道，也是为自己建立客户喜好资料库的最佳途径。设计者若能将自己作为用户中的一员，从用户的角度去思考问题，必然能设计出好的方案、产品，吸引更多的人参与进来。

七、关注用户需求

在视觉传达设计过程中，用户需求应当被着重考虑。设计师应通过多种信息传递工具了解用户感受，明确用户审美需求，使用户审美需求与设计理念深度融合，以缩小设计产品与用户需求之间的距离，达到画面结构、色彩的统一。要想真正实现创新，必须满足多元主体的差异化需求。为此，设计师需要在充分了解用户群体基本需求的同时，提高自身审美水平与综合素质，对于难以准确表达自己的用户，要积极进行引导，以了解其个性化需求，从而以合适的创作理念和动静有机结合的作品打动用户，使其感到被理解，并彰显出视觉传达设计的艺术性，以搭建与用户的桥梁，促进彼此间的感情交流，满足双方需求。

八、提取多元素材

在视觉传达设计中，要经过合理规划和精准表达，将图片、文字、音频、视频有机结合，根据用户需求进行创作。这种以图文方式对信息进行的传达也是思想情感的含蓄转述。在新媒体时代下，要进行视觉传达设计创新，需要设计师从日常生活、设计本身或者中西方优秀案例中提取灵感，引进先进设计理念，并结合国情进行本土化转变，要运用东方特有的视觉审美，促使语言与图片作用最大化发挥；以用户需求为出发点，充分应用新媒体技术，突破设计局限，开展更加立体化、更具空间感的设计，在不断反思与研究中培养联想能力、创造思维，增强视觉传达设计作品的传播力和感染力。

设计师在创新视觉传达内容时，可以参考国内外比较有影响力的设计案例，从中获得灵感，并融合我国特有的文化元素，实现本土转变。在设计时，要感受色彩搭配、线条转变、图文排布、明暗变化以及其他要素，再运用信息技术，搜索各种类型的设计案例，在对比分析中提高自身创作水平，形成独有的设计风格。

第八章　新媒体与人工智能

工智能已逐渐渗透人类社会的各个领域，被广泛应用于媒体行业并对其发展起到了助推作用。本章主要对新媒体与人工智能进行了论述。

第一节　人工智能概述

一、人工智能的内涵

人工智能的定义对人工智能学科的基本思想和内容做出了解释，即围绕智能活动而构造的人工系统。人工智能是知识的工程，是机器模仿人类利用知识完成一定行为的过程。根据人工智能是否能真正实现推理、思考和解决问题，可以将人工智能分为弱人工智能和强人工智能。①

弱人工智能是指不能真正实现推理和解决问题的智能机器，这些机器表面看像是智能的，但是并不真正拥有智能，也不会有自主意识。迄今为止的人工智能系统都还是实现特定功能的专用智能，而不是像人类智能那样能够不断适应复杂的新环境并不断涌现出新的功能，因此都还属于弱人工智能。目前的主流研究仍然集中于弱人工智能，并取得了显著进步，如语音识别、图像处理和物体分割、机器翻译等方面取得了重大突破，甚至可以接近或超越人类水平。

强人工智能是指真正能思维的智能机器，并且认为这样的机器是有知觉和自我意识的，这类机器可分为类人（机器的思考和推理类似人的思维）与非类人（机器产生了和人完全不一样的知觉和意识，使用和人完全不一样的推理方式）两大类。从一般意义上来说，达到人类水平的，能够自适应地应对外界环境挑战的、具有自我意识的人工智能称为"通用人工智能""强人工智能"或"类人智能"。强人工智能不仅在哲学上存在巨大争论（涉及思维与意

---

① 刘刚，张皋峰，周庆国. 人工智能导论［M］. 北京：北京邮电大学出版社，2020：3.

识等根本问题的讨论），在技术上的研究也具有极大的挑战性。强人工智能的研究当前鲜有进展，至少在未来几十年内难以实现。

二、人工智能的特点

（一）大数据智能

大数据智能是以人工智能手段对大数据进行深入分析，探析其隐含模式和规律的智能形态，实现从大数据到知识再到决策的理论方法和支撑技术。大数据智能将建立可解释通用人工智能模型，实现"大数据+人工智能"的方法论。

大数据智能具有极其广泛的应用，如在医药卫生方面的药效分析与新药研制、病例分析与预测、基因检测和健康保险智能化管理等；在工业方面的新材料的模拟与预测产品的智能化设计、智能物流以及宏观经济预测和调控智能化等；在科教方面的智能图书馆和知识服务系统、知识交叉创新等；在城市建设与管理方面的城市运行模拟与预测、环境智能分析与改善决策、智能交通、人口资源综合分析以及城市经济结构调整的智能辅助，等等。

（二）跨媒体智能

跨媒体智能是通过视听感知、机器学习和语言计算等理论和方法，构建出实体世界的统一语义表达，通过跨媒体分析和推理把数据转换为智能，从而成为各类信息系统实现智能化的"使能器"。跨媒体智能就是要借鉴生物感知背后的信号及信息表达和处理机理，对外部世界蕴含的复杂结构进行高效表达和理解，提出跨越不同媒体类型数据，进行泛化推理的模型、方法和技术，构造模拟和超越生物感知的智能芯片与系统。

跨媒体智能的一个典型综合应用是智能城市。它要解决城市发展过程中存在的感知碎片化、信息孤岛化等问题，建立以"大跨度、大视角、大信息和大服务"为特征的城市全维度智能感知推理引擎，实现对人、车、物、事件等的多维度、跨时空协同感知和综合推理。另外，跨媒体智能技术还能够推进企业智能制造的转型，为经济增长注入新的活力，提升中国经济的发展质量。跨媒体智能引擎还将在智能医疗等重要领域得到应用，从而对国民经济、国计民生、国家安全等产生重要影响。

（三）群体智能

群体智能是通过以互联网为组织结构和大数据驱动的人工智能系统来吸

引、汇聚和管理大规模参与者，以竞争和合作等多种自主协同方式来共同应对挑战性任务，特别是开放环境下的复杂系统决策任务，而涌现出来的超越个人智力的智能形态。在互联网环境下，海量的人工智能与机器智能相互赋能增效，形成人机物融合的"群智空间"，以充分展现群体智能。其本质上是互联网科技创新生态系统的智力内核，将辐射从技术研发到商业运营整个创新过程的所有组织及组织间关系网络。

基于互联网的信息物理世界深刻地改变了人工智能发展的信息环境，将人工智能研究的新浪潮推进到人工智能 2.0 新纪元。作为新一代人工智能最突出的研究特点之一，群体智能引起了产业界和学术界的广泛关注。具体来说，为应对挑战，群体智能提供了一种通过聚集群体的智慧解决问题的新模式。特别是由于共享经济的快速发展，群体智能不仅成为解决科学难题的新途径，也已经融入日常生活的各个方面，如线上到线下（online-to-offline，O2O）应用、实时交通监控、物流管理等。

（四）人机混合增强智能

人机混合增强智能是把人对模糊、不确定问题分析与响应的高级认知机制与机器智能系统紧密耦合，使得两者相互适应，协同工作，形成双向的信息交流与控制，使人的感知、认知能力同计算机强大的运算及存储能力相结合，构成"1+1>2"的增强智能形态。将人的作用带入智能系统中，形成人在回路的混合智能范式（人机互助系统）。在这种范式中，人始终是这类智能系统的一部分，当系统中计算机的输出置信度低时，人主动介入调整参数给出合理正确的问题求解，构成提升智能水平的反馈回路。混合增强智能有望在医疗与保健、在线智能学习、人机共驾和云机器人等领域得到广泛应用，并可能带来颠覆性变革。在教育领域，人工智能可以使教育成为一个可追溯、可视的过程。未来教育场景必然是个性化的，学生通过与在线学习系统的交互，形成一种新的智能学习方式。在线学习混合增强智能系统可以根据学生的知识结构、智力水平、知识掌握程度，对学生进行个性化的教学和辅导。在医疗领域，因为医疗关系人的生命健康，人们对错误决策的容忍度极低，人类疾病也很难用规则去穷举，所以需要医生介入其中，构建人机交互的混合增强智能系统。我们可以把医生的临床诊断过程融入具有强大存储、搜索与推理能力的医疗人工智能系统中，让人工智能做出更好、更快的诊断，甚至实现某种程度的独立诊断；同时，又让医生介入其中，避免人工智能完全代替医生。

三、人工智能的发展前景

（一）应对复杂问题的解决

人工智能的发展在一定程度上能够对人类的思维与意识进行模仿，未来甚至有超越的可能。在其未来发展的过程当中，因具有智能性可以解决诸多世界上比较复杂的问题，包括人类的发展和教育、气候的变化，以及人口的增长等。科学家可以在人工智能高速发展的背景下进行海量信息的发布，并且能够更加系统、快速地进行各类信息之间的因果关系分析，从而利用人工智能进行全新的、个性化的系统设计。

（二）实现累计的机器学习

机器学习的过程中需要进行知识的不断积累，即机器对知识进行不断的积累，对现有信息充分利用，并且对新接收的信息加以更新和输出。在机器学习领域，其能够对人工智能相关知识进行全面且细致的收集，更能够在时代以及人工智能技术的变化与发展下进行知识系统的更新，具有比较强的时代适应性。

（三）进行自动识别

现今诸多科幻电影当中均会出现多种类型的人工智能自动识别系统，例如，智能机器人或者无人驾驶飞机等。在未来的人工智能发展当中，与之相类似的自动识别极有可能实现。现阶段，视网膜识别、掌纹识别、语音识别等自动识别系统已经得到了一定应用，随着人工智能技术的发展，其或许会具有更强的推理能力。

第二节　人工智能技术对新媒体的影响

一、大数据储存开发能力得到强化

新媒体提高了大数据的开发和存储能力，是其向智能化水平发展的必经之路。机器人进行生产创造的基础是获取和分析海量数据，也就是说，机器人只有依靠大数据，才能写出符合主题要求的内容。智能化技术的应用对媒体平台进行大数据开发存储提出了更高的要求，媒体必须把长期积累的内容进行数据化处理，建立自己的数据库，才能有效运用智能化技术。数据库实现了内容分类检索、版面浏览下载等多种功能，为智能化技术的进一步应用奠定了坚实基础。

二、平台型媒体发展迅猛

当今社会，媒体竞争大多表现在平台竞争上，新媒体的业内翘楚大多是平台型媒体，比如，搜索引擎平台百度，社交平台微信，视频平台快手、抖音，聚合类平台新浪、搜狐等。

三、信息分发能力大幅提升

依靠算法进行信息分发，是对用户的兴趣偏好、浏览历史以及生活习惯进行综合性分析之后，按照用户需求进行推送。虽然这样容易形成"信息茧房"，甚至出现信息低俗等问题，但比起记者编辑对受众心理进行分析要准确高效得多，因此可以运用智能化技术对现有算法的不足进行改进。除了分析用户的兴趣偏好之外，还可以对用户的地理位置变化等进行分析，使用户在不同时间、地点都能第一时间了解所关心的新闻。

四、全有效反馈的实现

反馈是传播学中一个非常重要的概念，也是传播中不可或缺的一环。囿于技术的限制，传统媒体通常难以接收到受众的直接反馈。互联网的出现，让媒体与用户之间的互动大大加强，但现阶段的大多数新媒体仍然不足以做到全有效反馈。所谓全有效反馈，包含全反馈与有效反馈两个方面的内容。

全反馈即媒体对全部信息的反馈，例如，很多媒体开设有微博、微信账号，读者也可以通过电子邮件、短信平台等方式与媒体进行联系、反馈。尽管与之前相比，反馈的渠道增多、反馈效率有所提升，但媒体是没有精力对每一条反馈进行回复的。人工智能的出现让全反馈成为可能。以微软小冰为例，任何人在微博平台上@微软小冰，都可以在数秒钟之内得到微软小冰的回复，而这种回复是由微软的人工智能平台所做出的。与传统的自动回复相比，微软小冰的回复不但是基于留言者的内容而发布的，而且还带有相应的语气。

有效反馈即反馈的信息都能得到正向回复和确认。例如，某网站发布了一条新闻，对于这条新闻不同的人持有不同的观点，A持支持立场要求保留这条新闻，B持反对立场要求删除这条新闻。对于网站编辑这个"把关人"而言，无论是删除或者不删除，总有一方得不到有效反馈。人工智能的出现，则可以根据用户的偏好进行有效反馈，比如，可以在下一次页面显示中删除该条新闻，或在以后的推送中不推送与此新闻相关的信息。

全有效反馈是人工智能技术框架下新媒体的重要特征，也是新媒体与传统媒体的重要区别。虽然目前在新媒体中全有效反馈并未完全成为现实，但会随着人工智能技术的普及而逐步实现。

五、深度内容定制的兴起

个性化新闻页面如今已不再是新鲜事，但这只是人工智能在新媒体中的浅层应用。机器新闻写作的效率与准确率已经被业界所认可，这预示着人工智能在大数据处理方面的潜力正在逐渐地被挖掘出来。随着人工智能技术的进步和新媒体自生成能力的提升，深度内容定制将成为新媒体的主流。所谓深度内容定制，即依托人工智能对于信息的收集、整合与分析能力，根据用户的要求对信息内容进行抓取与分析，形成符合人类思维与阅读习惯的信息。例如，用户打算阅读一篇与某明星有关的文章，但互联网上只有关于该明星的零散信息，并没有成型的新闻稿件，此时用户便可以输入明星的名字做关键词，系统随即可以生成一篇涵盖该明星演艺经历、心路历程、家庭状况等内容的综合性稿件，这免去了用户自己搜寻、整理信息的时间。虽然在思辨能力、价值判断等层面，人工智能在短时间内还难以有令人惊艳的表现，但人工智能对信息生产方式的变革却是毋庸置疑的。机器新闻写作的出现与普及，正是内容定制的先声。

第三节　智能媒体的发展

一、智能媒体的概念

"智能媒体"是一种在技术助力下出现的更懂得人类需求的信息服务介质或机制。"智能媒体"中的"媒体"二字超出了一般中文语境中的媒体机构或媒体从业者的概念，而是一种信息传输关系的实体化，它既包括具体的人员和组织，也包括相应的物理载体、内容平台和传输网络。"智能媒体"语境下，"媒体"与"媒介"的所指出现了重叠。

二、智能媒体关键特征及主要表现

在智能媒体阶段中，媒体的产品和服务、媒体的生产和消费等表现出智能化、数据化、算法化、自动化、个性化、定制化等诸多特征，它标志着媒体传播理论研究和产业实践的关注焦点从同质化的大众群体转向了异质化的独立个体。当前智能媒体竞争的核心问题就是看谁能够更好地满足特定场景下用户的个性化需求，这是智能媒体区别于传统媒体的一个最根本的差异点。

（一）数据化

如今，用户在电脑端或手机端的上网足迹大多会被记录下来，成为像脸书、推特、头条、抖音等媒体平台向用户提供个性化内容推荐的重要依据，这便是用户逐渐意识到"我的手机好像比我还了解我自己"的重要原因。一个特定的移动应用对用户了解越深，用户对其依赖性就越大，使用的频繁程度也就越高。而这种对用户的了解和洞察，最主要的方式就是挖掘数据和分析数据。可以说，大数据正在成为智能媒体进行商业决策的重要基础。上海报业集团在转型升级过程中十分重视对大数据的应用，积极探索打造智媒体矩阵，其在把5G、大数据、智能终端和机器学习作为核心技术的同时，还重点关注人工智能领域的文本识别、语音识别、视频识别和人像识别技术，升级现有融媒体指挥中心，打造"大数据+人工智能"的一体化新闻生产分发平台，通过对用户数据的全面挖掘和算法优化，进行需求匹配和个性化推荐，以此来进一步提升新闻内容推送的定向性和精准性。对智能媒体来说，数据化本质上是将一种现象转变为可量化形式的过程，它源于人类测量、记录和分析世界的渴望……是我们进入以数据智能为核心的智能商业世界的第一步。有了数据，算法才能够发挥它的作用。

（二）算法化

在智能媒体环境下，算法是一组能够反映媒体产品逻辑和市场消费机制的计算指令的集合，是确保在特定场景下的用户和信息之间进行更有效连接的一套公式。人民日报社对用户与信息之间的有效连接一直都十分重视，而人民日报客户端推出的7.0版本中主流算法推荐系统就是核心亮点之一，通过质量把控、智能分发和传播反馈三个重要步骤，用主流价值导向驾驭"算法"，全面提高舆论引导能力。而且人民日报客户端还在对算法进行不断优化，做到既实现精准推荐，又体现主流价值判断，更好地满足用户个性化需求。对大众媒体时代的编辑来说，把哪条新闻放在头版的位置上，这是一种早期的基于经验的"算法"；对搜索引擎来说，怎样在用户输入某个关键词之后优先向用户呈现最符合其搜索需求的内容选项，这已经是结合了过去的搜索数据和人工的价值判断而形成的排序算法；对今天的移动媒体来说，如何把最适合具体用户的个性化内容以最精准、最有效的方式进行分发，推荐算法就成了某种标配。可以说，算法是智能媒体能够快速发展的"引擎"，只有算法才能够激发大数据资源中所蕴含的巨大能量。同时，算法也是推动智能媒体不断迈向更高智能的机器学习的核心，在海量数据的"喂养"下，机器学习的过程使算法持续进行迭代优化，从而使媒体越来越智能。

（三）自动化

工业革命带来了体力劳动的自动化，信息革命带来了脑力劳动的自动化，而机器学习带来了自动化本身的自动化，也就是说，算法优化这个过程都不再需要太多人工的干预。这就意味着，在智能媒体时代，将会有越来越多的媒体工作交给自动化的程序或机器来完成，无论是体力劳动还是脑力劳动。比如，在媒体广告领域，以往传统媒体的广告合约都是通过线下人工谈判和签订合约的方式来完成的，但是当互联网的快速发展带来广告位激增之后，通过人工签约的方式已经不具备现实可行性了，此时广告资源的交易就变成了机器之间的程序化、自动化交易。除此之外，还有越来越多的媒体工作被自动化的程序所取代，如筷子科技研发出国内比较前沿的自动化创意程序，科大讯飞投入市场的多款语言工具已经完全可以替代人工翻译和人工速记等。

（四）个性化

大众媒体时代的内容生产和分发基本上遵循了工业经济的核心逻辑，即标准化和大规模的生产和分发，针对整体的目标市场按照标准化的模式提供产品和服务。在这样的语境下，消费者只能被视为同质化的消费者，受众也只能被视为同质化的受众，从而忽略了异质性的个体与个性化的需求。但建立在大数据和深度学习基础上的智能媒体逻辑，则是站在"千人千面"的个性化信息分发与推荐系统之上的，用户数据的颗粒度越来越清晰，算法推荐的精准度也就会随之越来越高，于是在特定的场景下满足特定用户的个性化信息需求从理论设想落地成了技术现实。

三、智能媒体发展存在的问题和对策

（一）内容管理问题

传统媒体内容由记者采访撰写后，要经过严格审核、层层把关，确保内容

方向正确，内容真实、准确，才得以公开传播。智能媒体环境下内容把关环节存在较大漏洞，如把关主体泛化、把关作用弱化、把关程序简化、把关标准不一等问题。新媒体视域下内容生产往往以速度和量取胜，而不是以质取胜，这导致内容失真风险、内容导向风险、内容偏见风险、内容侵权风险、内容"黑箱"等风险增加。同时，网络信息参差不齐，表现出功利化、娱乐化、趣味化、信息茧房等特点，潜藏劣币驱良币风险。自主意识和价值选择等主体能动性有被吞食的风险。①

首先，严格把控内容安全关，采用人机协同把关方式，坚持守正创新。强化智能媒体设计者、运用者的主体责任意识，在坚持专业意识、质量标准的同时，要树立阵地意识和底线意识，把守正创新放在第一位。发挥主流价值引领作用。采用以智能把关为主，人工把关为辅的把关机制，在智能把关中要运用正确价值观和主流意识形态来驯化算法，让智能把关从根本上规避价值风险和伦理困境。同时，加强人工审核力度，采编人员的专业能力，应能够精准把握内容的真伪和价值风险。只有确保智能把关和人工把关双管齐下，才能更好地服务新闻业，推动媒体发挥正确的舆论导向作用。

其次，媒体平台根据自身定位需求，定向聚合内容，提升平台内容质量。内容聚合是媒体平台的一项重要技术，如果方向不清、多元采集、全网抓取，就会出现数据泛化、重点不突出、特色不鲜明等问题。定向聚合是解决这一问题的有效办法，在法律规定范围内，与信源方达成产权协议，实行内容定向抓取。并对抓取的内容进行格式化入库处理，通过去重、清洗、分类，把无序的信息进行有序化处理，为后续的存储和使用提供方便。

另外，构建科学的算法推荐体系，强化信息供给侧改革，破解信息茧房效应。茧房效应是算法为迎合用户喜好，不停推动与其兴趣相投的信息，导致受众认知结构、意识形态固化。应从优化算法设计着手，打造多维度的算法模型，扩宽算法的维度，提升算法的透明度，避免算法被资本利用，提升算法的纠错能力，管好用好算法。更要注重突出算法的公共属性和价值蕴含，让算法在媒体领域发挥更大的正向价值。

(二) 媒体管理问题

在智能媒体视域下，媒体形态更加多样，传播平台更加开放、传播内容更加丰富、传播速度更加快捷、传播影响更加深远，潜在风险也大大增加，比

---

① 刘璐璐. 数字经济时代的数字劳动与数据资本化：以马克思的资本逻辑为线索 [J]. 东北大学学报（自然科学版），2019 (4).

如，安全隐患、个人隐私泄露、信息杂乱冗余等，对媒体管理提出挑战。传统以人为主的管理显然已经不合时宜了，技术驱动下的智能管理，是智媒管理的重要手段，媒体应充分运用智能技术带来管理的红利。

首先，在完善智能媒体服务管理方面，助力媒体管理由"被管"向自我管理、相互管理升级。通过强化法律制度保障、规范管理流程、实行实名制、加强智能化监控追踪等手段，促使受众自觉遵守各项规定，增强受众主体责任意识，进行自我管理。从而推动智能媒体由被管向自我管理、相互管理转型，提高政府监管效能。

其次，在媒体资源管理方面，打造智能化媒体资源管理平台。利用人工智能技术将长年积累的历史数据进行汇总收集整理，对文字、视频、音频、图像等进行统一规范管理，提升数据处理能力，对非结构化数据结构化处理、精细化管理，可有效防止媒体资源流失，实现媒体资源由粗放管理向有序管理的转变，有利于推动媒体资源开放、共享，提高媒体资源的利用率。

另外，在媒体安全管理方面，实行监测、预防、响应、修复多管齐下闭环管理。通过人工智能技术实时动态监测及时发现安全威胁，对安全事件做出及时响应，阻断外部入侵攻击，并及时进行漏洞修复、溯源，调整安全策略，起到有效防御外部威胁的作用。

（三）采编人员问题

在智能媒体时代，平台开放、信息共创、资源共享，为采编人员带来了机遇，同时也产生了不少烦恼。如，当下智能编辑软件所见即所得，大大降低了信息制作门槛，如在第三方平台上人人各展其能，有些内容制作水平非常专业，信息保持源源不断的连续输出，拥有大量粉丝，甚至很多个人账号粉丝数影响力超过了媒体，让媒体情何以堪。另外，当下智能技术发展迅猛，但多采编人员依然沿用老一套采写方法，靠人工找信息源、选题、素材，面对海量数据资源，采编人员在搜集信源时，一条条地点击查看信息显然是不现实的。在进行行业报道时，传统记者还采用老方法，通过采访行业专家的形式了解行业信息，与行业专家一对一采访要花很长时间，往往做一篇行业报道耗时耗力还缺乏时效性。综合来看，很多问题都需要智能思维、智能技术来解决。

首先，转变采写理念，重视对智能技术的运用，发挥人工智能在新闻采写中的效能。传统采编技术已经不能满足采编工作需要。[①] 而一些采编人员的思维理念一直停留在纸媒时代，采编人员应主动参与到人机协同生产中来，一些

---

① 梁辰. 新媒体技术在新闻采编业务中的运用分析［J］. 记者观察，2022（15）.

重复性劳动尽量让智能技术取代，减轻工作量，让采编人员从事一些深度分析、思考、创作的内容，发挥智能+人脑的综合优势，推动媒体生产力和创新力提升。

其次，打造复合型全媒体人才，形成媒体竞争的核心优势。智能媒体背景下对采编人员的要求比传统媒体更高，不仅要具备新闻专业知识，还要会运用智能采编系统、掌握大数据分析能力、熟悉视频操作等，一专多能是全媒体人才的典型特征。所以采编人员要与时俱进，掌握各种采编智能应用，积极融入人机协同创作中。如，采编人员在做行业新闻时，凭借智能媒体平台将专业人士意见进行整合，这对于辅助采编人员快速了解专家核心观点、把握行业重点具有积极帮助；智能机器人快速写稿，已成为辅助采编人员内容创作的重要力量。

另外，创新组织生产运营模式，打造一支灵活性高、机动性强的创新团队。智能媒体不是单一技术，而是完整的体系，针对某一个智能应用产品，往往需要跨部门解决技术、设计、采编、运营等问题，因此需要多部门协同。很多媒体实行项目制，根据项目需求从不同部门抽调人员组建虚拟团队。如纽约时报采用"灵活嵌入式"的组织模式，即编辑部牵头成立嵌入式团队，团队人员包括内容编辑、产品设计、数据分析、开发人员、情报人员、研究人员、图片处理、视频制作等不同技能的人员，按照项目制运行，嵌入不同的项目团队，进行联合集中攻坚，以提升团队的创新力和执行力。

四、智能媒体发展态势

人工智能技术与媒体业务紧密结合之后所形成的这些全新的媒体产品、媒体服务和媒体形态，使得当前的智能媒体生态在本质上完全不同于过去的数字媒体生态乃至更传统的大众媒体生态，它们之间的融合发展正在重新定义媒体的基本价值、核心能力、商业模式和服务形态。总的来看，当前我国的智能媒体发展态势主要集中在以下几个方面。

（一）智能化的媒体产品

在当前阶段，智能媒体领域最主要的焦点依然集中在智能化的媒体产品方面，这里所谓的产品有两层含义：一是智能化的硬件产品，二是智能化的应用产品。从硬件层面来看，把智能的芯片、智能的屏幕、智能的传感器等置入过去我们司空见惯的事物，将会带来真正根本上的硬件革命，从而使得诸如汽车、冰箱、洗衣机、净化器、桌椅等产品都具备了信息采集、存储、传输、计算和呈现的属性，这也恰恰是车联网、智能家居、智慧课堂等概念一度火爆的原因。事实上，当媒体产业的基础设施都将被这类智能硬件所取代的时候，整个世界将会是"屏"的。从软件应用层面来看，无论各种智能设备安装了什么样的操作系统，这些系统本身都具有超强的快速迭代、不断进化和深度学习的功能；而用户在系统中安装的各种应用程序也同样能够借助数据分析和认知计算等技术来提升自身的智能化水平。

（二）智能化的媒体服务

从本质上来说，如今，智能媒体已经不再仅仅局限于以往大众媒体时代主要通过向用户提供信息产品的方式来大规模收集用户注意力，并转身将这些注意力打包售卖给广告主的"二次销售"模式了，而是开始越来越多地面向用户提供更加丰富多元的媒体服务，从而直接收取相应的服务费用，部分视频网站的会员收入已经超过广告收入就是一个很好的例证。当然，一家媒体组织或者一款媒体应用能不能向用户直接收取费用，根本取决于其能否持续向用户提供更加智能化的媒体服务。当媒体的思维从过去的提供信息转换为提供服务之后，就能在根本上意识到用户需要的不是一张报纸或者一部手机，而是个性化、智能化、场景化的资讯服务、知识服务、社交服务或娱乐服务。

（三）智能化的媒体体验

智能媒体能够面向不同场景的异质性个体提供不同的媒体服务，并通过这种服务创造良好的用户体验，从而实现与用户之间的情感连接与互动。不同消费场景的核心自然通过消费者的不同体验创造，带来情感在时空中的流动。所以场景流的本质不是空间，恰恰相反，是通过空间情感化的连接和氛围营造，完成新的时间情感概念。这也就意味着，真正的智能媒体需要紧紧以用户体验为核心，能够实时感知用户内心的喜怒哀乐和所想所需。在智能媒体的语境下，用户的身体被嵌入媒体所构成的外部环境中，其在这个环境中的愉悦感程度高低将直接决定智能媒体体验的好坏。随着越来越多的媒体基础设施趋于智能化，这种体验将会不断提升。

第四节　人工智能技术在新媒体领域的应用

一、人工智能技术在数字出版领域的应用

（一）人工智能在数字图书出版流程中的应用

在新媒体时代，人工智能技术广泛应用在数字出版领域，尤其是在数字图

书出版过程中。在进行选题策划阶段，通过人工智能技术，广大编辑们能有效地提高工作效率。通过大数据扩宽书目信息库，无论是作者信息、内容信息，还是相应的读者用户行为信息，都能得到及时补充，通过关键词搜索，能够为广大编辑的选题策划提供一定的依据，从而有效地对市场需求进行精准定位，满足更多消费者的需求。在编辑校对阶段，编辑们的校对工作逐渐被人工智能所取代，人工智能能有效地自动处理一般的审校工作，人工智能技术还能对特殊的内容进行严格把关。除此之外，在营销推广阶段，使用人工智能技术可以对图书信息数据进行采集，实现数据信息的市场分析和传播，为广大出版社提供更多的营销策略和解决问题的方案，以此为基础总结营销经验。值得注意的是，在内容消费阶段，使用人工智能技术能有效地展现阅读形式的全貌，将更多的内容呈现给读者，在数字图书市场充分发挥人工智能技术，比如，咪咕数字传媒有限公司，其主要是通过人工智能技术和语音识别技术，实现多角色的仿真模拟。用户可以按照自己的喜好选择语音语调，通过人工智能技术还能形成全息成像，精彩故事情节，进行全景投放，给阅读者带来不一样的阅读体验。

（二）人工智能在数字产品上的应用

人工智能技术还能应用在数字产品上，例如，中国法制出版社在进行青少年法制动漫多媒体互动平台建立的过程中，严格按照我国政府的法制和法律行业数字资源互动知识库进行建立，以法趣乐园为主，为广大青少年提供法律教育服务，让他们在潜移默化中形成法律意识，提高他们的法律素养，树立法律思维。无论是故事影院，还是图书资料、休闲驿站等多种功能模块都是通过法律知识课堂、图书资料馆等模式对每个用户的学习内容、时长以及兴趣进行重点追踪，通过人工智能技术分析得到相关的内容数据，然后针对在使用过程中容易出错的题目和用户行为规律进行全面探讨。除此之外，能够针对每个用户制定特殊的学习画像，进而提供个性化的教学服务。通常情况下，该模块功能在使用过程中能为广大用户编制学习材料，制定科学的教育计划，使用智能化教学进行作业、评写、评价等各项内容，实现教学质量的有效评估，真正做到因材施教，尤其是在法趣乐园模拟模块中能有效地为用户提供真实的法庭场景模拟。这种基于大数据的模拟方式增加了信息传播中的互动性，能有效提高内容消费的趣味性，营造轻松愉悦的学习氛围。①

---

① 邓逸钰，王垚. 数字出版领域知识服务智能化转型新模式探究［J］. 新媒体研究，2018，4（3）.

（三）利用人工智能推动数字出版产业的发展

在人工智能技术使用过程中，能有效地增强数字出版产业，首先，使用人工智能技术，能起到先发制人的作用，使用新型的技术能够在竞争激烈的数字出版市场中占据上风，给出版企业带来相应的经济效益。与此同时，它还能引起专业的广泛关注，尤其是在某个领域进行深度挖掘知识和技能的过程中，使用人工智能技术能够注入更多的活力，推动行业长久地生存和发展。其次，在人工智能技术的使用过程中，能拓宽数字出版企业的资源共享机制，为发展奠定完善的网络基础，为广大用户提供有效的解决方案，尤其是在资源共享过程中，能实现术业专攻，做好平台的安装维护工作，找到相应的资源和团队，建立强大的商业生态系统，给更多的数字出版产业注入新鲜的活力。最后，它能有效地实现数字出版行业的个性化定制服务，使用人工智能技术，能将竞争焦点从标准产品向个性化产品服务进行转移，在最大限度上满足消费者的需求。除此之外，它能有效地拓宽商业模式的创新，挖掘潜在的消费者。在某种程度上，对于我国出版社而言，每年出版的新书品种多种多样，涉及的内容也比较广泛。因此，可以使用大数据智能化技术对碎片化图书内容进行研究，进而以此为基础，健全教育知识库，丰富内部的技术人才储备，才能满足消费者个性化、全方位的基本需求。①

二、人工智能技术在视频制作中的应用

（一）图像处理技术

1. 美颜滤镜功能

在视频制作当中，大多数的影像对于画质都有一定的要求，这也是视频整体质量中最为关键的一点。从视频制作诞生以来，对于画质提升的追求与研究一直都在不断推进与深入，类似 Photoshop 以及 DR 等软件在画质提升方面都有其自身优势。随着近些年来人工智能技术的进步，不仅专业人士能够制作出画质较高的视频，越来越多的视频制作爱好者也能借助该技术来实现视频制作，同时画质也能有所保证，而其中美颜滤镜就是对画质提升最重要的一项功能。从当前大多数具备美颜功能的软件算法来看，主要就包括了瘦脸、磨皮、美白等功能。就某视频平台美颜技术来看，其主要是一套基于"深度学习＋图

---

① 李国光. VR 和 AR 在图书出版领域的应用探析——以教育培训类图书和童书类出版为例［J］. 青年记者，2019（11）.

像处理+图像学"的技术，其中关键技术在于人脸检测、关键点定位、瘦脸、磨皮以及美白等，在完成对用户人脸的检测后，使用 OpenGL 以及 Metal 来实现人脸渲染，最终实现即时美颜。通过美颜技术，能够有针对性地向用户提供更加精细化的视频制作服务，在很大程度上提高了视频的质量。

在视频的画质提升与图像美化当中，滤镜也是较为常见的制作流程。滤镜从其最初的概念来看，就是指在相机镜头外部安装的附加镜头，主要功能就是将自然光进行过滤，实现图像的风格化调色。在当前人工智能技术当中，滤镜从其本身的物理功能开始转化为虚拟功能，在滤镜算法的加持下，通过软件程序的调色就能够对各种风格的滤镜进行模拟，达到视频制作者想要的效果。①随着人工智能技术的深入，越来越多的滤镜风格被应用在视频制作当中，其效果已经远超过了传统的物理滤镜。

2. 画质修复功能

在视频制作中，传统的画质修复技术十分复杂，不仅会耗费大量的时间成本与人力成本，其最终修复效果往往也不尽如人意。在人工智能技术的应用下，通过深度学习能够实现对画质失真、失色的旧视频与旧照片的修复、翻新等目的。

首先，从画面修复上来看，对于老视频的修复主要是需要补帧。由于修复的视频大部分是 20 世纪早期的影像资料，当时视频制作与拍摄设备等条件有限，如今来看会发现其画面存在卡顿、闪烁等情况，通过 AI 修复技术能够将帧率补足，使得画面看上去帧率提升而更加流畅，特别是将视频修复成 4K 画质，补帧是其中最关键的流程。在补帧技术当中，目前较为成熟的是 DAIN 模型，该模型是以深度感知为基础，通过对画面进行深度检测来划分遮挡层，并以深度感知的光流投影层开发来合成为中间流，最终实现对视频画面的插帧，进而提高视频的 FPS 值。从 DAIN 模型的环节架构中看，给定两个节点的输入帧，借助对光流以及深度图的估测，并以深度感知的流投影层来合成中间流，最终将光流与局部差值内核在 DAIN 模型中与输入帧、上下特征等进行扭曲，最终导出输出帧，达到补帧的最终目的。

其次，从画面着色来看，在黑白视频影视资料中，画面上色也是修复当中最为显著的一项特征。在以往的人工着色技术当中，不仅费时费力，其最终效果也不令人满意，着色的准确率也一直不高。通过对 AI 修复技术的应用，可以更加便捷地实现对视频的着色修复，并在上色算法中进行深度学习，通过相关的影片历史资料来确保修复后的视频更加还原当时的时代环境。当前对于

---

① 谭乐娟. 人工智能技术在视频编辑中的应用实践［J］. 中国传媒科技，2020（08）.

AI 着色模型，使用较多的是基于深度学习的 DeOldify。该模型在具体使用中对于视频与图片进行了划分，制作者能够根据自身需求来进行选择，在视频修复中，主要是应用了其中的 NoGAN 方法来进行模型训练，将视频渲染上色。①

最后，从扩分辨率上来看，通过将过往视频资料的分辨率进行提升，能够修复视频中模糊不清的情况，以此来满足当前用户的观看需求以及平台播出标准。

（二）视频字幕

1. 字幕配音功能

在视频制作中，配音播报也是较为普遍的一个环节，通过事先编辑好的解说词，采取人工录制的方式来进行配音，满足部分解说类视频的需求。在传统的字幕配音中，需要在配音完成后，对字幕时间加以修改，确保字幕与时间节点能够匹配，以此来保证视频中字幕与配音的同步，提高视频质量。不过在这一环节中，会花费大量的时间去制作与匹配，同时，如果配音员存在口音或专业水平不足，那么将会导致整体视频的观感大大降低。因此，在人工智能技术的应用中，基于深度学习的语音算法能够将字幕进行一键配音，字幕与视频的时间节点也能够完美匹配。当前，各大视频平台都提供了相应的字幕配音功能，这极大地缩短了视频制作的周期，同时在技术应用中也更为精细化，不少软件都提供了包括中文、英文等多种语言的字幕配音，另外，在年龄段、性别以及语速方面都能够根据需求供制作者选择。

2. 字幕提取功能

在人工智能技术下，视频字幕也可以根据人声自动提取。在部分访谈类或会议类的视频字幕制作中，传统的制作方式需要根据视频人声来一字一句手动输入，并根据时间节点调整字幕，整个流程较为烦琐。在语音识别技术的加持下，能够一键识别视频资料中的人声，同时字幕也能与语音节点完美匹配。从当前技术应用现状来看，针对环境干扰较少、发音良好的视频语音，字幕提取的效果都能够有所保证，准确率也在98%以上。

3. 虚拟主播功能

在视频字幕的人工智能技术应用下，不仅能够实现字幕配音与提取功能，如今虚拟主播功能也逐步在行业中有所成果。在新闻视频的制作中，通过将事先编辑的文案添加到软件当中，就能够即时合成虚拟主播。同时，虚拟主播的口型也能够与文字进行匹配，这极大地提高了用户的观感。不仅如此，虚拟主

---

① 宋协. 深度学习技术在广电音视频节目制作中的应用研究［J］. 中国有线电视，2020（12）.

播的形象以及视频背景都能够实现一键替换，大大降低了新闻播报中的人工工作量。

（三）其他技术

1. 智能编目与检索功能

在视频制作当中，通常会需要大量的视频素材，而在选择素材时，由于素材库数量庞大，往往会需要制作者花费较多的时间与精力去查找，对视频制作工作造成了一定的困扰。特别是在素材库的编目中如果不加以细化，也会进一步增加片段查找的难度。在人工智能技术与视频制作的融合中，智能识别技术的应用也愈发成熟，不仅能够自动识别视频中的语音、文字等重要因素，还能够自动完成编目，最终实现素材库快速检索的目的。通过智能编目与检索功能，能够大大降低视频制作中素材查找的时间投入，缩短视频制作周期，并进一步降低视频制作者的工作强度。

2. AI 换脸功能

在人工智能技术的应用下，还有一项较为热门的技术功能，就是 AI 换脸。AI 换脸技术也是基于深度学习等方法来实现深度伪造的，当前应用较多的就是生成式对抗网络（GAN）技术，其中主要包括了重现、替换、编辑以及合成这四种类型。当前的技术模型通过采集 3~5 张个人的表情信息，就能够实现即时换脸的效果，在视频制作中，通过 AI 换脸也能够大大减少重复性的片段拍摄，并且进行表情修复。[①] 不过当前 AI 换脸技术在其应用上仍有许多不足之处，同时还会涉及隐私权、肖像权等法律问题，因此在功能的使用中还需确保合法合规性。

---

① 赵长兴. 媒体融合背景下的短视频制作技术研究［J］. 电视技术，2022，46（02）.

第九章　媒介融合

在科学技术日益发展的今天，我们的生活方式不断发生变化，同时新闻的传播方式也在悄然改变，而当今媒体发展的大趋势便是媒介融合。本章主要对媒介融合的相关知识进行了论述。

第一节　媒介融合的概念与类型

一、媒介融合的概念

媒介融合既是一个观念变迁的过程，也是技术形态的发展过程。媒介的社会浸入性和融合过程性使得媒介研究呈现多维视角，如技术融合角度、媒介文化融合角度、媒介组织结构角度、新闻采编技能融合角度、媒介所有权融合角度等，几乎涵盖了与媒介融合相关的所有方面，涉及媒介经营和新闻传播的各个角落，包含媒介融合的内部环境和外部机制；同时，也使得人们对媒介融合的认识出现了差异性。总体来说，对"媒介融合"概念的界定研究分为狭义和广义两种认识。狭义的概念是指将不同的媒介形态"融合"在一起，产生"质变"，形成一种新的媒介形态，如电子杂志、博客新闻等；而广义的"媒介融合"则包括一切媒介及其相关要素的结合、汇聚甚至融合，不仅包括媒介形态的融合，还包括媒介功能、传播手段、所有权、组织结构等要素的融合。因此，广义的"媒介聚合"是一个从低级到高级逐渐发展的过程，狭义的"媒介聚合"则是发展的最高阶段。①

---

① 杨玲，田新民. 媒介融合理论研究及国外出版融合案例分析［M］. 北京：北京对外经济贸易大学出版社，2021：3.

二、媒介融合的类型

(一) 所有权层面的媒介融合

所有权层面的媒体融合，主要指传媒公司或大型的传媒集团通过媒体之间的并购或媒体行业与其他行业的整合与并购、所有权集中的方式，组建大型的媒介传媒集团，通过不同的媒介形式打造核心竞争力。从广义上讲，媒介所有权的融合，既包括传媒领域内部各媒介机构之间的所有权融合，也包括传媒机构通过跨行业、跨领域发展，与其他领域内的相关机构所形成的所有权融合，如传媒业与电子产业、电信业等领域的所有权融合。媒介的所有权决定了媒体的归属及相应的管制问题，媒介所有权的状况决定着媒介的运作方式。所有权的融合是媒介整合与协同作战的必然，通过所有权的合并，媒介融合进入组织结构性的融合，实现新闻资源的共享、开发与整合。

媒介的集团化是媒介所有权融合的重要表现，在西方国家市场经济条件下，媒介集团的形成是一个自然的过程，媒介的规模、媒介的类型及体制等特征均由市场来决定，利用媒介所有权的融合组建跨媒介、跨行业的媒介超级集团，极大地促进了传播媒介的垄断。西方媒介集团的建立在很大程度上是媒介所有者最大化追求市场效益的举措，是相关利益者在市场机制驱动下，寻求商业同盟的结果。因此，西方媒介集团与其他商业集团并无实质上的区别，媒介所有权的集中是媒介集团化的一种必然，也是媒介组织自由竞争发展的必然产物。在市场竞争下，有竞争的媒介在生存的道路上无非就是胜者为王，要么越做越大，要么就在竞争中失败，媒介所有权的集中是市场经济条件下媒介企业运作的必然结果。

与西方媒介集团化遵循市场规律不同，我国媒介集团的产生和发展在一定程度上是政府行为和市场因素共同起作用的结果，而政府的作用又是首要的。在媒介单位转企改制的推动下，国家逐渐将新闻媒介推向市场，走向自负盈亏的道路，在社会主义市场经济的客观要求下，媒介集团化是新闻媒介进入竞争生态，能够抵抗外在压力的重要保障。但是，国内媒介集团化的发展并没有改变媒体的基本属性，媒介所有权仍然归行政主导，这一点是不能动摇的。因此，国内所有权的融合通常表现为不同媒介形态的合并或重组，如某一地方的"报业集团"和"广电集团"合并，组建融媒体中心，或者是"电视台"和"电台"合并，组建广电集团或者报业集团，实现资源的有效配置，优化媒介表现形式，这些媒介融合方式从根本上看，媒介集团的所有权还是归"事业单位"所有。只是表现形式上，通过各平台之间的协同运作，实现"1+1+1>

N"的效果，将整个媒介集团的利益最大化发挥出来，通过媒介集团的联合，可以将电视、广播、报纸等传统媒体与网络、手机、移动互联网等新媒体自身的优势发挥出来，弥补了各自先天的不足。

（二）业务层面的媒介融合

随着媒介技术的革新与融合，各类传播媒介在行为、目标等业务实践层面的交叉愈加频繁，这使得媒介业务也逐步走向融合。媒介融合带来了传统观念的变革，改变了传统媒体新闻采集与制作的路程，并逐渐演变成一种独立运行、流程完整、操作规范的新闻生产模式。即不同的媒体集中在一个信息操作平台上，统一筹划、资源共享、相互协调、取长补短。根据各自媒体和受众的特点对信息进行分类加工，制作成不同的新闻产品，最后通过不同的传播渠道传播给特定的受众。这种崭新的新闻生产模式是对传统新闻采编流程的整合与重构，它将使新闻业务呈现出一种前所未有的态势：新闻传播主体由职业新闻工作者独家垄断转变为职业人员与社会公众共同分享。新闻采集和编辑加工更重视新闻信息资源的增值活动，通过对新闻信息资源的深度开发，优化配置，实现新闻信息的整合传播。新闻报道方式由单线性的平面化方式转变为非线性、全方位、立体化的方式。媒介业务融合可以细分为业务形态融合、业务技能融合和业务经营融合三个方面。

（三）技术层面的媒介融合

从本质上讲，媒介融合首先是传播技术的融合，即两种或多种技术融合后形成某种新传播技术，新传播技术具有多种技术特点又有其独特性。早期的媒介融合将新技术（信息网络）看作已有的媒介体系的延伸，利用新技术来拓宽媒介传播渠道。在技术的推动下，媒介融合的实践经历了渠道延伸、新媒体内容独立运作、数字化和全媒体平台这四个阶段。技术层面的融合主要体现在渠道的融合和终端的融合两个方面。[1]

---

① 何芳，罗跃姝. 融合新闻学 ［M］. 成都：西南交通大学出版社，2021：27.

第二节　媒介融合的诱因与形成路径

一、媒介融合的诱因

（一）媒介融合的技术诱因

信息传播技术的发展总是在推动媒介的发展变化，每一次新的传播技术的产生都会催生出传播媒介的新变化，并且使传播媒介之间的联系更为紧密。传播技术之所以能够成为媒介融合的直接诱因，主要表现在以下两个方面：一是传播技术的提高和更新可以推动媒介形态的发展，二是传播技术的提高和更新可以产生新的媒介形态。

（二）媒介融合的经济诱因

传播技术的发展是促成媒介融合的直接推动因素，也是媒介融合得以实现的先决条件。如果没有传播技术的保证，所有关于媒介融合的设想只能是水中花镜中月，但仅有技术的保障而没有效益的驱动，传统媒体依然没有改变的动力。所以市场竞争的压力和对经济效益的追求是促使传统媒体相互联合进而促进媒介融合的诱导因素之一。

在现代传播的大背景下，各传统媒体既要面对行业内部的竞争，更要面对新媒体的冲击，在这种情况下，如何做到"人无我有、人有我优"就成为各个媒体所面对的首要问题。面对竞争的压力，最好的解决之道就是做大做强，即形成规模化生产，而要做到业内领先就要不断创新，走专业化道路就是大势所趋。

（三）媒介融合的受众诱因

传媒企业要获得最大的社会效益和经济效益，要不断使自身向前发展，必须满足广大受众对传媒产品的需求。抓住了受众就等于抓住了市场，也就等于把握了企业自身发展的方向。

随着传播技术的发展，各种多媒体形式的信息大量地呈现在广大受众的面前，现在的受众已经不满足于过去那种单一的信息表现形式了，而是希望获得集文字、图形、声音、影像等多种媒体形式于一体、具有较强的交互性和实时性的信息形式。这些变化归纳起来主要有四个方面，即信息密集化需求、分众化需求、多样化需求和便捷化需求。传媒企业只有把握住受众需求的这些变化，才能获得受众的认可，从而促使自身得到发展。

（四）媒介融合的文化诱因

后现代文化特征是媒介融合的深层诱因。现代主义的病状是隔离、孤独、疯狂和自我毁灭，而后现代主义的病状则是零散化、碎片化和缺乏自我，后现代主义时期的文化呈现出多民族、无中心、反权威、叙述化、零散化和无深度的特征。

后现代主义的文化渗透让新媒体及其用户也具备了碎片化、零散化、无中心的特点，从而共同建构了适于媒介融合发展的媒介文化和媒介环境。在后现代的社会文化中，高雅文化与低俗文化、现象与本质等一切传统的二元对立的边界都被消除，传媒所生产的拟象铺天盖地，形成一个比现实更现实的超现实独立领域，这意味着现实反过来已经成为表征和媒介的一个分支。在这种媒介文化背景下，大众传播时代向分众传播时代转变，传统媒体时代处于被动接受地位的"受众"向具有个性化需求和互动参与特性的媒介"用户"转变，从而为媒介融合提供了重要的生产指向。①

二、媒介融合的形成路径

（一）媒介融合形成的纵向视角

1. 传统媒体之间的融合渗透

媒介融合最早表现为传统媒体之间的融合渗透。新的媒介形态的出现并不能完全取代旧有媒介，而是新旧媒介相互协调、重新构建新的媒介生态环境，从而实现新旧媒介共存、共融的过程。电视媒介的出现不会使旧有的报纸、期刊、广播等媒介消失，反而促使这些既有媒介重新定位，谋求新的媒介生态环境中的新地位。在这一过程中，各种媒介相互借鉴，在发展优势业务的同时取长补短。电视会借鉴报纸、杂志、广播的新闻线索，报纸、杂志、广播也会针对电视节目内容进行深度报道和后续报道，在媒介融合的过程中各取所需。可以看出，传统媒体之间的融合主要表现为内容融合，很少甚至根本不存在技术、网络、价值链环节的深度融合。因此，在某种程度上，传统媒体之间的融合并不是真正意义上的"媒介融合"，而仅仅是媒介融合的前奏。

---

① 宫承波. 媒介融合概论（第3版）[M]. 北京：中国广播影视出版社，2021：26.

2. 新媒体与传统媒体的融合共生

新媒体与传统媒体的融合是媒介融合的核心内涵。确切地说，媒介融合是由于新媒体的出现才具备了完整的内涵。在诸多新媒体中，网络媒体最先得到发展并普及，它对媒介融合的贡献也最大。网络媒体的迅速兴起让数字技术和网络技术快速向其他传统媒体渗透，带动了许多新型媒体形态的出现和发展。网络媒体同报纸、期刊结合，出现了网络报纸、电子报纸等新媒体形态，在内容上则促成网络媒体与报纸、期刊的相互借鉴，网络媒体编辑、复制报纸以及期刊的内容资源，报纸、期刊也逐渐学会从网络媒体中发掘线索、汲取营养。网络媒体同广播电视相结合，一方面，促成了以网络为基础平台的网络广播、网络电视的出现，另一方面，也催生出以电视机为接收终端和服务平台的数字电视、IPTV 等互动性电视媒介，这两种不同的媒介融合路径所附带的内容融合与服务融合自不待言。与网络媒体同传统媒体的融合类似，手机媒体与报纸、期刊、广播，电视等传统媒体也出现了程度不一的融合现象，并带来相应的媒介形态及媒介内容的改观或颠覆。互动性电视媒体本身作为网络媒体与电视媒体融合的产物，又反过来同报纸、期刊、广播、电视进一步融合，在报刊的阅读方式、广播电视的视听方式、节目内容的互动性和分众化等方面迎合新媒体的传播特点和产业发展要求。

3. 媒体与其他行业的融合跨界

随着媒介融合深度发展，为了进一步激发媒介融合的活力，传统媒体和新媒体开始主动寻求与过去未曾合作、与传媒业相关度不高的其他行业进行融合，非传媒行业也从不同角度介入媒介融合，形成媒体与其他行业的跨界融合局面。媒体的跨界融合，一方面使媒体向其他行业延伸，融合出新的媒介产业类型，使媒介融合呈现多种可能，是极具活力和自由度的融合方式；另一方面有利于改善媒体在媒介融合中在资本、技术、人才等方面的困境，提高媒体经营和管理能力，提供媒体更多垂直化发展的机会。

（二）媒介融合形成的横向视角

媒介融合的演变是一个分层次、分阶段进行的动态过程。第一阶段是相加阶段，融合方式主要为媒介互动，即媒体之间在战术策略上实现融合；第二阶段是整合阶段，即媒体之间在组织结构方面进行整合；第三阶段是相融阶段，媒介大融合，即不同媒介形态都集中到统一的多媒体数字平台上。当然，媒介融合各阶段并非泾渭分明、界限清晰，而是先后承接、共同演进、各自推进。

第三节　媒介融合的变革与影响

一、媒介融合的变革

媒介融合是一项复杂的系统工程，包括体制机制、组织结构、盈利模式等多方因素的发展转型。狭义地说，媒介融合是指不同媒介形态的结合，以及由此而产生的质变，形成新的媒介形态，如博客新闻、微信新闻等。广义地说，媒介融合包括一切媒介形态的结合与融合，以及不同媒介在内容资源、传播手段、组织结构等要素方面的结合与融合，如广播电台、电视台与新兴媒体的融合建设与发展而形成的网络电台、网络电视台等。

全媒体实验的目标是实现真正的媒体融合。全媒体实验中的种种改革，都需要从媒介融合时代所产生的新的市场需求和产业发展规律出发。[①] 为此有四个关键变革需要认真思考：其一是媒介融合时代的个体变革：在集体竞技中确定个人角色；其二是媒介融合时代的体制变革：在新共同体中实现业务流程再造；其三是媒介融合时代的产品变革：在集中化市场中推进个性化满足；其四是媒介融合时代的媒体角色变革：在新产业链条上谋求新定位。

二、媒介融合的影响

（一）媒介融合对传媒业的影响

1. 对传媒理念的影响

在媒介融合背景下，传媒业的传媒理念发生了重大变化。传统的传媒产业理念在技术条件的限制下，思维模式与产业发展理念也受到了限制。例如，报纸是除电视新闻外报道新闻事件的唯一方式，而新闻采编人员若想收集新闻信息，就需要在收集新闻线索之余，在新闻事件的现场进行报道，而很多情况下，受时间、距离、路况等各种因素的限制，许多新闻等到采编人员到场时，新闻现场已经被破坏殆尽，难以呈现新闻发生时的真实情景，待到采访工作结束，由报社进行整编、印刷与出版，新闻事件已经发生了较大变化，其时效性

---

① 彭兰. 媒介融合方向下的四个关键变革 [J]. 青年记者，2009（6）.

受到影响。

而随着科学技术的不断发展，电视、纸媒、广播、网络等多种媒体渠道逐渐趋于融合，媒介融合的背景下，传媒产业的发展理念也会发生相应变化，新闻事件传播的形式也不再仅限于传统媒体，以网络渠道为主的电子新闻成为人们阅读新闻事件的主要方式。随着智能移动终端的普及，新闻阅读开始以应用软件的形式呈现在智能手机上，打破了新闻传播的时间与空间限制，受众可以随时随地浏览新闻事件。同时，智能化技术的应用能够自动向受众推送新闻事件，根据受众的爱好、兴趣与阅读频次等信息向受众提供智能分类的新闻推送服务，但传媒内容趋于雷同，容易使受众丧失阅读的兴趣。

2. 对传媒内容的影响

在媒介融合的背景下，传媒产业的传播内容也发生了相应变化。一直以来，传媒产业都十分强调传播内容的首发性与独特性，在发生新闻事件时，各大新闻媒体无不争先抢占"首发新闻"；新剧上星时，各大卫视无不抢占"首播"，甚至独播，各大传播渠道十分看重传播内容的质量与特点。而在传播媒介相互融合的情况下，传播媒体不但可以生产出高质量的传播内容，还可以优化团队的协作机制，利用大数据技术确定受众的喜好与需求，为受众提供个性化与差异化的服务。现阶段，许多传媒 App 在用户最初下载时，就通过询问用户年龄段、性别与喜好等，获取用户信息，从而在接下来的传播中向用户智能推送传播内容。在媒介融合的环境下，传播内容的表现形式更加多样，包括视频、音频、文本、动画、漫画、动态模拟等，丰富多样的表现形式更易于吸引受众关注，取得更好的传播效果。

3. 对传媒方式的影响

在媒介融合的大背景下，传媒业的传媒方式也发生了巨大变化，部分传统媒体开始主动寻求与新媒体之间的融合发展，更多的传统媒体开始开辟基于信息技术的传播渠道，例如，人民日报这一老牌的新闻媒体，在媒介融合的大环境下，不仅开辟了官方网站，向受众提供电子版的新闻事件，还开通了官方微博、微信公众平台以及智能手机 App 等，向智能手机受众提供更便捷的新闻推送服务。与此同时，媒介融合也使传媒业更加向着互动性、趣味性与平民化的方向发展，媒体之间的合作与交流不断增强，传媒方式的交互性得到显著提高，媒体与受众之间的交流沟通形式更加多样、便捷。[①]

4. 对传媒工作者的影响

在媒介融合的环境下，传统媒体的从业人员逐渐感觉生存空间受到挤压，

---

① 吕彬. 媒介融合的现状及对传媒业的影响［J］. 西部广播电视，2018（2）.

这种情况下的传统媒体市场份额必将日益减少，最终退出竞争市场，因此，大多数传统媒体都倾向于选择另一条发展路径——开辟网络传播渠道，传统媒体的从业人员工作内容与发展方向也逐渐发生了转变。同时，传统媒体的从业者就业空间也受到拥有先进技术与传播理念的新媒体人才的挤压，许多传统媒体从业者因此转行或通过各种途径充实自己，提高自身的专业水平与职业素养，寻找其他的发展空间。在媒介融合的影响下，传统媒体的竞争压力进一步加大，以央视为例，一直以来，央视都凭借其政治属性与深厚的背景，在国内电视媒体中一家独大，缺少市场竞争，而随着星级卫视不断做大，以及媒介融合趋势不断凸显，使央视相对僵化而刻板的传媒方式饱受诟病，发展模式的弊端也进一步暴露，导致在新媒体的冲击下，许多人才纷纷出走，寻找更宽广的发展空间。媒介融合推进了人才流动，也使传媒行业的产业结构与发展视野更开阔。

（二）媒介融合对新闻传播的影响

1. 媒介传播主体向多元化转变

传统新闻媒体中对传播者和传播受众有非常严格的界定，新闻媒体是唯一的传播主体，工作架构是十分严格的上传下达式垂直结构，在新闻传播中有极强的话语权，传播受众接收到的新闻信息单一，不能全方位了解新闻事件，造成理解偏颇可能会引发误会和质疑。伴随着互联网时代的到来，媒介融合逐渐推动新闻传播主体向多元化发展。比如，借助视频软件和社交软件，大众既是新闻信息的传播者也是新闻信息的接收者，多元化的信息传播途径取缔了新闻媒体的垄断性，在一定程度上可以弥补新闻媒体信息的不足，也可以督促新闻媒体报道更加全面真实，促进和谐社会稳定发展。

2. 新闻信息采集方式改变

传统的媒体新闻信息采集工作是由媒体机构负责的，在新闻事件发生后，媒体记者深入一线进行实地信息采集工作，或者通过面对面访问和电话访问的方式获取新闻信息，这种信息采集模式单一且低效，极其耗费媒体资源，极大地影响了新闻传播的速率。在媒介融合的新形势下，新闻信息获取不再受时间和空间的限制，媒体工作者可以利用新媒体平台或卫星反馈实时获得最新的新闻动态。新闻内容传播也由单一的文字转变为视频、音频等多途径传播，增强了新闻的时效性和真实性。大众也可以作为信息的传播者，拓宽了新闻信息的采集途径。

3. 媒体传播内容重心改变

虽然新闻媒体依旧是信息传播的主流形式，但在媒介融合的新形势下，大众接收信息的同时也是新闻信息的制造者和传播者。大众可以随意自主地传播新闻信息，从而改变了媒体传播内容的重心，使媒体传播内容更加全面化和生活化，新闻信息更加"接地气"，充实丰富了新闻信息传播内容，为传统的新闻内容增添了活力。互联网平台大数据的应用可以直观地分析新闻传播受众的兴趣爱好，使信息传播推送更加准确，增强了新闻信息媒体的实用性。①

（三）媒介融合对影视评论的影响

1. 开放化的影视评论平台

从影视评论发展的历史过程来看，不难发现，最早期的影视评论只会在专业性较强的影视评论类期刊上由专业的评论员进行评论文章的发表和刊登，而这样的影视评论往往无法有效代表广大受众群体，对于每个人对电影的感悟无法有效理解，因此，过于专业化的评论会导致电影行业的发展与人民的需求背道而驰。而随着媒体融合现象的产生，影视评论发表的平台呈现多样化趋势，人们获取影视评论的渠道也变得更为全面和容易。并且在新媒体行业中，每个独立的个人，即新媒体的用户都是信息的获取者，同时也是信息的发布者。所以，对于影视评论的门槛进行了大幅度降低，影视行业可以从更为全面的角度对所拍影片进行客观的分析，使受众群体对影视的需求表达得更加具体和直观。而数据收集得越丰富，其得出的分析结果便会越准确，因此，媒体融合对于影视评论的一大影响便是对影视评论的参考价值进行有效提升，且丰富了影视评论的数据收集工作，使得电影行业的发展更符合广大人民群众的价值观。

2. 媒体巨头会对影视评论产生影响

在当今媒介融合的背景之下，媒体行业信息的时效性得以有效提升，信息内容上不再受制于其传统行业中的媒介载体，因此信息的及时性和庞大性使得人们应接不暇，故而媒体的影响力得到了几何倍数的增长。而在众多媒体之中的媒体巨头其影响力更是不容小觑。在媒体巨头对影视做出评论时，其往往可以起到引导舆论和受众群体的思维风向的作用。因此，影视评论是否具有客观性往往取决于媒体巨头对于影视的评论。因此，不难理解，影视巨头在对影视进行评论时，其所肩负的责任极为重大。而这一类媒体所收集到的信息数据也往往更加全面，为做出客观的影视评论提供了数据基础。与此同时，借助于其影响力，可以通过影视评论引导受众群体对影视所呈现的思想性内容进行更好的理解，以提高大众对影视艺术作品的鉴赏水平。

3. 及时性评论的出现

得益于互联网平台的出现，影视播放的方式也产生了一定的变化。人们通

---

① 叶志卫. 媒介融合背景下对新闻传播的影响［J］. 科教导刊，2020（23）.

过互联网视频平台进行电影观赏的过程中，可以及时地对观影体验做出实时评价，比如，通过现在较为受欢迎的爱奇艺、Bilibili 等各大视频平台进行观影的同时，可以随时发一条"弹幕"对当时的感受进行评论。这种方式可以很好地收集到用户的实时反馈。传统的影视评论都是在观影结束后，根据影视作品留在脑海中的记忆进行分析和评论的。因此，关于影视作品中的一些细节之处往往会被忽略掉，且根据记忆来写评论难免会代入个人主观意识，其客观性价值会受到一定影响。而随着媒介融合产生的及时影视评论的方式，会为影视拍摄细节之处的把握和完善提供参考性意见。

4. 参与群体的增加

在传统的电影行业中，受制于播放形式的限制，电影只能在电影院和电视媒体规定的时间段进行播出。在这样对于观影时间有着严格要求的条件之下，会造成许多观影群体的流失，而为数不多的观影群体，对电影做出的评论，其无法代表广大群众的客观性意见。而随着媒介融合的出现，电影的播放不再受制于影院和电视媒体的限制，人们可以在任意时间和任意地点，对自己所感兴趣的电影进行观看，甚至已经下映的影片也可以随时进行反复观看。在这样媒介融合的条件下，参与观影的人数呈现指数化增长，因此，基于庞大观影群体所做出的影视评论，其客观性价值得到有效提升，使得影视和媒体行业对于人们精神需求的把握更为准确。

第四节　媒介融合背景下新媒体的发展

一、媒介融合背景下新媒体发展的机遇与挑战

（一）发展机遇

第一，媒体用户重叠度高。在媒介融合背景下，同一用户既可以是手机媒体用户，也可以是电视媒体用户或电脑媒体用户，用户的这种多重"标签"使新媒体可以凭借优质的节目将电视媒体等传统媒体的用户引流到新媒体上，扩大用户规模。

第二，媒体受众需求趋于多元化。在媒介融合背景下，受众对媒体内容的关注度有了明显提高。并且，受众在不同精神文化需求的影响下，所关注的媒体内容也表现出明显的差异。在这种情况下，新媒体受众的需求通常表现出明

显的多元化、差异化，而这种特点促使新媒体在发展中同样表现出多样化的特点。例如，为了迎合网络用户不同的精神文化需求，新媒体平台逐渐衍生出了诸如网络音乐、网络文学、网络游戏、网络视频、网络直播等多种媒体内容和形式。受众多元化的需求为不同媒体通过特色、优质内容吸引更多受众创造了条件，使新媒体平台的发展机会和方向更加丰富。

第三，媒体新技术不断应用。技术是媒介融合背景下新媒体领先发展的关键要素。随着5G技术、大数据技术、人工智能技术在新媒体发展中的深度应用，新媒体与受众日常生活、工作的关联性越来越高。新技术的出现和应用不仅改变了新媒体发展的方式，也在改变着人们的思想观念和行为习惯，这无疑为新媒体的创新创造了良好的条件，使新媒体的发展有了更先进的技术支持。

（二）发展挑战

第一，用户流动性强。媒体的融合发展，使众多的传统媒体与新媒体处于同一水平线上。虽然新媒体能够凭借现有的传播优势获得一定的竞争优势，但媒体的低门槛使得用户的流动性增强，一旦媒体中的内容不能很好地满足用户的需求，用户就会马上转移到其他的媒体平台。显然，这种基于用户体验产生的流动性会直接威胁新媒体生存和发展空间，进一步增加媒体发展的压力。

第二，资源垄断性。在媒介融合背景下，新媒体节目输出的方式虽然相似，但节目生产的过程却存在明显的差异，一些平台为了获取节目竞争优势，会通过成本的投入和内容的筛查来努力获取独家的节目内容。节目资源的垄断性使新媒体的发展能力和影响力表现出了明显的差异，节目资源丰富的新媒体平台可以通过付费的方式获得更多的经营性收入，而资源缺乏的平台则会因为没有明显的竞争优势而失去市场影响力。

二、媒介融合背景下新媒体发展的路径

（一）深化产业融合发展

现代产业分工，使本来分叉模糊的产业界限清晰明确，但受到原本弹性较高的产业间相互融合的影响，能够创造出全新的机遇，新媒体产业也不例外。同时，基于产业融合发展中，新媒体能够体现出强大的信息交互功能，使其成为产业融合的一大关键性要素。针对新媒体产业，需要利用传统媒体产业与新媒体产业相融合的方式，拓展自身在市场当中的影响力，将新媒体产业与新兴产业业务内容有效融合，比如，融合智慧城市产业或数字经济产业，使媒体的优势逐步渗透到大众日常生活、学习及工作过程中。比如，在物联网行业，相关新媒体工作人员可以利用拓展平台功能，向受众提供信息传输、跟踪、远程监控等动态即时信息服务，以物联网的优势功能作为基础，构建多元的新媒体功能生态圈，在深化产业融合发展的基础上，促进新媒体行业可持续发展。

（二）强化平台的社交化功能

传播内容社交化是媒介融合背景下新媒体发展的新趋势之一，其主要指新媒体传播内容的社交性特点和功能越来越突出。在互联网技术的作用下，人类社会活动的分工愈加明确，而不同职能分工的协作已然成为一种常态，人们希望通过经常接触的媒体介质获得更多的社交信息。在实际发展过程中，新媒体平台要深入挖掘自身的桥梁性功能优势，通过平台端口、节目内容为受众乃至平台提供社交化渠道支持，以社交化渠道强化自身的市场竞争力和影响力。例如，新媒体平台可以开辟专门的交友、就业/创业渠道，为有交友、择业需求的媒体受众提供可靠的社交端口支持，以社交化的优势赢得竞争。

当然，除了社交形式的创新以外，新媒体还可以以更深层次的社交服务质量的提高来满足受众个性化的需求。例如，可以定期邀请社交方面的专家进行直播互动，现场为受众解答社交活动中的问题，强化平台的社交化品牌影响力。

（三）充分发挥交互优势

从实践角度来看，新媒体平台的信息交互优势较为明显，且能够为平台沟通受众的功能发挥创造优良的条件。因此，在具体发展过程中，新媒体有必要对自身信息传播及信息交互的优势进行充分挖掘、应用，对多元化的媒体平台加以利用，为不同的受众提供丰富多样的社交信息，进一步以信息价值、信息量为基础，将媒介融合下强大的发展优势充分发挥出来。比如，对于新媒体的从业人员，可利用视频播放器、App、贴吧、论坛、微信公众号、微博等平台，为受众提供专题性的社交信息推送服务，使受众在短时间内获取所需的真实、全面且可靠的社交信息。同时，可以采取增加信息量、信息价值的方式，将社交化的竞争优势充分体现出来，并促进新媒体信息质量的提升，使新媒体的信息传播空间得到有效净化，体现出绿色、正能量等特点优势，进一步使新媒体的交互优势充分体现出来。

（四）充分注重引流转化

部分新媒体将自身关注重点向新媒体内容生产方向转移，对媒体工作中受众引流、转化的重视程度尚且有待提升，进而导致受众资源的严重浪费，或呈现闲置的局面。与此同时，即便对新媒体而言，内容是影响媒体发展的一大关键性要素，但是媒体在生产优质内容过程中，主要以提升自身的价值为主要目标。并且，媒体价值的实现需要受众引流、转化的充分支持。所以，在新媒体发展过程中，有必要对受众的引流、转化充分重视。具体来说，新媒体平台可以采取网络直播形式，让媒体受众循序渐进转化成媒体直播，进而借助受众群体，使网络直播平台的信息价值链条得到有效延伸，全面带动新媒体产业发展。

三、媒介融合背景下新媒体发展的趋势

1. 传媒行业的用户群体、传播载体和形式等将发生根本性的变化

新媒体技术的革新造就了传媒资讯行业新的传播方式，用户的结构也发生了很大的变化，包括 PC 端、移动端的互联网以及智能车载、智能家居产品等的智能屏幕成为传播的新载体。普通大众不需要通过广播、电视、纸媒等传统媒介就可以获得海量信息，传统媒体以固定时间进行传播已稍显滞后；新媒体则可以做到随时随地传播，发布即时信息。在新媒体环境下，受众需求也发生了变化，传统媒体的主要用户需求是以资讯信息和娱乐内容获取为主的；新媒体的主要用户群体多为年纪较轻的新生代，他们对资讯的需求是强调自我表达和参与互动，以个性化、多元化、碎片化的特点为主。此外，对于传统媒体来说，传播的形式主要依靠图片和文字，视频和音频，内容主要依靠专业人员；而新媒体技术则带来了巨大的变革，用户生产内容（UGC 方式）和专业用户生产内容（PUGC 方式）大行其道，在传播的形式上增加了个性化的动态图片、各式各样的表情包以及视频直播等方式，例如，微博直播平台、微信等自媒体都受到新生代的欢迎，甚至一些中老年的用户也参与了进来。

2. 用户对内容的需求凸显，垂直资讯涌现，内容跟上，技术铺路

传播媒体的品牌和权威性对普通大众的吸引力逐渐下降，取而代之的是垂直媒体的发展，网络信息呈爆炸式增长趋势。身处信息海洋的用户很快发现：如何获取可靠的资讯，找到有价值的信息才是最重要的。如今，新媒体生产的内容虽然向着非中心化发展，但是传播的渠道却向着专业化和权威性发展。人们工作和学习的繁忙造成他们没有大段空闲时间去进行去伪存真的鉴别，所以他们更倾向于在专业的、权威的平台上直接搜索有用信息。此外，一些传统媒体也不甘寂寞，他们寻求和新媒体的融合，在社交、门户平台中设立官方号，聚集了大量粉丝和流量。

3. 向个性化分发/推送技术快速发展

移动媒体的用户经过近几年快速的发展，增长速度已经明显放慢，人口红

利将逐渐消失。如何在这种情况下留住用户、增加客户黏性是各个新媒体平台不得不考虑的问题。通过对不同人群进行不同的内容推送和个性化服务可以有效增强人们的体验感，从而避免使用者的流失。在满足不同人群的兴趣需求之外，还可以挖掘潜在需求和职业等硬需求。

大数据的复杂环境运算将让媒体资讯分发更加智能化。个性化地分发优质内容，能够有效帮助媒体从用户增长抵近天花板过渡到抢夺用户时间阶段。对于各大新媒体平台来说，分发技术容易实现，但是实现的效果和用户的体验却各不相同，这源于数据源的差异。未来的个性化分发/推送技术离不开大数据的支持，数据的量级和维度都会影响技术效果。

参考文献

［1］蔡维佳. 互联网时代的粉丝运营［J］. 秦智，2022（1）.

［2］蔡晓辉. 新媒体时代新闻传播研究［M］. 湘潭：湘潭大学出版社，2023.

［3］陈丽芳. 新媒体时代新闻传播研究［M］. 沈阳：辽宁人民出版社，2020.

［4］陈美希. 浅谈视觉设计在新媒体中的表现形式［J］. 传媒论坛，2022（12）.

［5］陈雄涛. 新媒体营销策略探析［J］. 新闻前哨，2021（11）.

［6］陈媛媛. 公共空间的新媒体艺术［M］. 上海：同济大学出版社，2020.

［7］邓逸钰，王垚. 数字出版领域知识服务智能化转型新模式探究［J］. 新媒体研究，2018，4（3）.

［8］方伟. 新媒体与社会发展［M］. 北京：文化发展出版社，2019.

［9］方艺洁. 新媒体受众的"个性化"与"社会化"特征探讨［J］. 卫星电视与宽带多媒体，2023（2）.

［10］高怀碧. 太行精神在新时代的弘扬与传承［J］. 前进，2023（9）.

［11］高晓虹，刘宏，赵淑萍，等. 中国新闻传播研究 智慧新媒体［M］. 北京：中国传媒大学出版社，2019.

［12］郭凤凤，燕飞. 新时代传承弘扬太行精神的意义及路径［J］. 支部建设，2022（16）.

［13］郭其鹏，刘欣雨，袁红霞，等. 对新媒体与受众之间如何相互影响的研究［J］. 新商务周刊，2018（6）.

［14］郭义祥，李寒佳. 新媒体营销［M］. 北京：北京理工大学出版社，2022.

［15］杭孝平. 新媒体传播文化 新闻与传播学科理论与实践论文集［M］. 北京：中国国际广播出版社，2022.

［16］郝静. 探析新媒体时代平面广告视觉设计与表现［J］. 科技风，2022（33）.

［17］胡立华. 新媒体新闻的传播要素变化探究［J］. 中国地市报人，2021（7）.

［18］黄子熠，韩一鸣，杨雨锡，等. 新媒体短视频平台现状研究［J］. 传播

力研究，2022（32）.

［19］江晓岚. 浅析媒介融合及其影响［J］. 传播力研究，2019（30）.

［20］金昭. 新媒体艺术在文化产业发展中的前景展望［J］. 传播力研究，2018（34）.

［21］荆明，疏梅. 基于新媒体语境下的视觉设计研究［J］. 萍乡学院学报，2018（2）.

［22］李芳. 视觉设计对新媒体运营推广的影响研究［J］. 卫星电视与宽带多媒体，2022（13）.

［23］李林霞，闫春晓. 太行精神及其时代价值［J］. 中共太原市委党校学报，2022（2）.

［24］李姝漫. 探究新媒体时代的媒介融合［J］. 西部广播电视，2019（12）.

［25］李维. 新媒体视觉传播创意创新研究［M］. 长春：吉林人民出版社，2019.

［26］梁辰. 新媒体技术在新闻采编业务中的运用分析［J］. 记者观察，2022（15）.

［27］刘勃. 新媒体艺术与文化创意产业的和谐互动探析［J］. 现代交际，2019（24）.

［28］刘刚，张杲峰，周庆国. 人工智能导论［M］. 北京：北京邮电大学出版社，2020.

［29］刘苏琼. 创新. 设计 视觉传达设计理论与实践研究［M］. 长春：吉林人民出版社，2023.

［30］刘宇凌. 新媒体与新闻传播研究［M］. 哈尔滨：东北林业大学出版社，2018.

［31］刘子楠，马云. 新媒体时代短视频营销的发展现状及应用策略［J］. 西部广播电视，2020（7）.

［32］鲁贻锦. 新媒体发展驱动下媒介融合模式探讨［J］. 新闻传播，2022（1）.

［33］吕金秋. 新媒体时代微信营销策略［J］. 合作经济与科技，2018（24）.

［34］马莉婷. 网络营销理论与实践（第2版）［M］. 北京：北京理工大学出版社，2022.

［35］马玥，王纯玉. 新媒体编辑［M］. 上海：上海交通大学出版社，2019.

［36］毛利，唐淑芬，侯银莉. 新媒体营销［M］. 成都：电子科技大学出版社，2020.

［37］孟伟. 理解新媒体［M］. 北京：中国广播影视出版社，2018.

［38］彭丞. 新媒体营销［M］. 重庆：重庆大学出版社，2022.

［39］史旷裔. 新媒体的新闻传播特点及发展趋势与途径［J］. 传播力研究，2022（26）.

［40］宋协. 深度学习技术在广电音视频节目制作中的应用研究［J］. 中国有线电视，2020（12）.

［41］谭乐娟. 人工智能技术在视频编辑中的应用实践［J］. 中国传媒科技，2020（08）.

［42］谭前进，郭城，李强，等. 新媒体运营的理论与实操［M］. 南京：东南大学出版社，2018.

［43］汪辉. 新媒体与新闻传播机制创新研究［J］. 卫星电视与宽带多媒体，2023（3）.

［44］汪慧君. 论新媒体受众的特点及其对内容生产与运营的影响［J］. 西部广播电视，2019（4）.

［45］王东辉. 网络与新媒体概论［M］. 沈阳：辽宁美术出版社，2020.

［46］王慧雯. 浅析新媒体环境下的媒介融合［J］. 山西青年，2020（12）.

［47］王可人. 新媒体环境下视觉设计教育探究［J］. 成才，2023（13）.

［48］王莉，孙国海. 新媒体新闻传播理论研究［J］. 新闻传播，2022（10）.

［49］王容平，任磊，杨霞. 新媒体营销实务［M］. 成都：西南交通大学出版社，2022.

［50］王瑞琪. 新媒体时代受众注意力特点分析［J］. 新媒体研究，2019（8）.

［51］王诗童. 新媒体短视频对传统媒体转型的影响和启示［J］. 传播力研究，2023（23）.

［52］王松，王洁. 移动互联网时代的新媒体概论［M］. 上海：上海交通大学出版社，2018.

［53］吴小勉. 新媒体设计视域中的人工智能探析［J］. 科技传播，2019（11）.

［54］谢辛. 视听新媒体受众生态位研究［M］. 北京：中国国际广播出版社，2020.

［55］徐继兴. 视觉传达设计的多角度探索［M］. 北京：北京工业大学出版社，2023.

［56］徐润婕. 数字技术对传统电视媒介与新媒介融合的影响［J］. 智库时代，2020（21）.

［57］徐筱婧. 新媒体新闻传播方式对传统新闻传播方式的影响［J］. 记者摇篮，2023（3）.

［58］闫雪. 短视频时代的新媒体运营探究［J］. 传媒论坛，2022（3）.

［59］严三九，南瑞琴. 新媒体概论 第 2 版［M］. 武汉：华中科技大学出版社，2019.

［60］杨韵江. 新媒体受众心理倾向与传统报刊的新媒体转型［J］. 智慧中国，2019（C1）.

［61］杨志文. 基于新媒体的新闻传播分析［J］. 科技传播，2018（9）.

［62］姚华丽. 新媒体新闻传播长尾效应［J］. 新闻传播，2023（15）.

［63］叶彩仙，胥立军. 人工智能生成式 AI 技术在新媒体艺术中的应用研究［J］. 科技创新与应用，2023（21）.

［64］张杰. 新媒体新闻传播的特点探究［J］. 新闻研究导刊，2020（12）.

［65］张峻. 太行精神历久弥新的时代价值［J］. 人民周刊，2023（9）.

［66］张苗苗. 政务新媒体的受众参与研究［J］. 西部广播电视，2021（17）.

［67］张民省，关多义. 太行精神的时代特色与现实价值［J］. 史志学刊，2021（4）.

［68］张萍. 新媒体与新闻传播发展研究［M］. 北京：北京工业大学出版社，2019.

［69］张伟兵. 试谈扩展"太行精神"的内涵［J］. 长治学院学报，2023（3）.

［70］张小煜. 新媒体环境下的粉丝经济——以小红书 APP 为例［J］. 新闻传播，2021（24）.

［71］张晓康. 新媒体语境下的视觉设计研究［J］. 传播力研究，2022（29）.

［72］赵书渊. 新媒体环境下短视频的制作与传播［J］. 传播力研究，2023（19）.

［73］赵一菲. 新媒体营销的分析与探究［J］. 营销界，2021（17）.

［74］赵一玮. 人工智能在新媒体中的应用及其发展特征［J］. 科技传播，2019（17）.

［75］郑峰. 短视频后期特效设计［M］. 成都：电子科技大学出版社，2019.

［76］钟娜娜. 关于新媒体营销的思考［J］. 中国市场，2022（20）.

［77］钟紫音. "短视频+"的营销模式及策略研究［D］. 南昌：江西师范大学，2020.

［78］重庆广播电视大学垫江分校. 新媒体运营导论［M］. 昆明：云南大学出版社，2022.

［79］周莹，王烨. 浅谈视听文化艺术产业与新媒体互动的基本规律［J］. 教育传媒研究，2021（3）.

［80］李东进. 新媒体营销与运营［M］. 北京：人民邮电出版社，2022.